Muse et Menthe

Walter Seymour Percy

Writat

Cette édition parue en 2024

ISBN : 9789359944388

Publié par
Writat
email : info@writat.com

Contenu

NATURE .... - 1 -

AU COIN DU CHEMIN ....- 15 -

SENTIMENT ....- 26 -

SOUVENIRS ....- 35 -

PHILOSOPHIE ....- 42 -

HOMÉLIE ....- 48 -

PAYS ....- 57 -

HUMOUR ....- 66 -

SACRÉ ....- 74 -

CHANSON ....- 87 -

DIVERS ....- 96 -

NATURE

LA nuit sombre était humide et sombre

La douche d'été après ;

L'aboiement saccadé d'un chien lointain

Dérangé le rire des promeneurs ;

La lamentation lugubre de l'engoulevent,

Le chœur des grenouilles et des grillons

Un sentiment étrange et sépulcral prêté

Aux prairies et aux marais.

Mille lanternes-insectes brillèrent

Leurs signaux phosphorescents

Des étincelles vivantes qui pointaient en pointillés

Des énigmes électriques rapides ;

Car à peine les yeux étaient-ils sur

Une seule petite lueur

Quand je fais un clin d'œil, il s'envole et disparaît

Comme un lutin farceur lors d'une soirée de spectacle !

Et tandis qu'on devinait sa prochaine surprise

Loin de là où il a diminué

Une myriade d'autres aux yeux

Tous croisés et allumés

Jusqu'à ce que l'obscurité fantomatique devienne

Illuminé de manœuvres

Comme des fées attisant la flamme

Au sein d'un parc des amoureux.

Et c'est ainsi que les gens aiment la nuit

Avec des créations fugitives

Des gens fantômes dont la lumière intermittente

Mais nourrit nos inspirations

Et nous apprend qu'il n'y a pas d'obscurité

Mais les bourses sont la présence

De chaque âme qui jette son étincelle

D'une humble incandescence.

BO PEEP

PARTOUT OÙ je me promène

Aux ides de mai,

À travers les branches et les ronces

Les nymphes des bois jouent.

Où le soleil tache

Les ombres rampent toutes

Sous les pommes bourgeonnantes,

Danse Bo-Peep.

Là où sont les mousses

Faire un couvre-lit

Que le printemps grave

Avec une frette verte,

De la longue hibernation

Rêverie de sommeil

Se réveille avec des fossettes vernales

Petit Bo-Peep.

Violettes et bleutés

Jetez un coup d'œil malicieux ;

Des moines comme des druides pygmées

Jouez à cache-cache ;

Sur chaque souche un piquet

Des espions à la ruse profonde,

Et dans chaque fourré

Fait signe à Bo-Peep.

PEEP-OF-DAWN

LE compte du sommeil est en marche

Le dernier relais des rêves ;

Hâte, il roule avec des rubans tirés

O'er des équipes grises courbes.

La maison au bord de la route que je viens de laisser derrière moi

Était l'auberge Où-le-Cock-Crew ;

La route à venir avec la rose est bordée

Et connu sous le nom de Work-to-Win.

Les sens enivrés coulent

Dans des visions de plaisir ;

Et l'œil de Vénus commence à cligner des yeux

Où il dépasse la nuit.

Des doigts sournois soulèvent les stores,

Mais avant d'être aperçus, ils sont partis ;

Et sur les laitières somnolentes

Sur la pointe des pieds, le coup d'oeil de l'aube.

Dame Nature abandonnée ment

Avec des jupes en désordre,

Et dépassé par la surprise

Est embrassé par le jour furtif ;

Les couvertures se frottent les yeux et se réveillent,

Et je rêve d'Amour tout de suite

S'en va sur Rosy Road pour faire

Un rendez-vous avec Peep-of-Dawn.

LA RIVIÈRE RILLY

LE flot froid et trouble du printemps

A fondu jusqu'aux eaux peu profondes de l'été,

Et maintenant les verdures éclatantes s'accrochent

Le long de la marge luxuriante et en jachère,

Et où étaient les profondeurs sombres et les frissons

Sont des trilles argentés de ruisseaux ondulants.

Le flâneur sur le pont

Qui surplombe le fleuve tourbillonnant

Salue la crête sablonneuse de l'île

Cela réapparaît ; l'oeil se réjouit

Dans toutes les vieilles fioritures familières

Et des déversements impertinents de ruisseaux ondulants.

La canne et le moulinet procurent une sensation de ravissement

Et depuis le bateau, prends de petites chances,

Mais moins par chance qu'avec la quille

Participer aux danses runiques ;

Car ainsi la musique de la rivière fait vibrer

Comme la joie qui remplit les ruisseaux ondulants.

CERISES

CERISES ! Cerises! Cerises!

Les merles sont excités et ravis

Changer enfin le tarif ;

Car c'était des insectes, des larves et des limaces

Plus de deux mois passés.

Maintenant c'est des cerises jusqu'aux baies

Mûrit pleinement et rapidement.

Cerises! Cerises! Cerises!

Les rouges-gorges sont excités et effrayés ;

Il y a un homme dans l'arbre

Dans une grosse perruque et un gréement

Cela ferait peur à une mésange...

Mais un merle, vois-le bouger

Dans un colloque solennel !

Cerises! Cerises! Cerises!

L'épouvantail est inculpé et puni

Avec une poche d'oeufs

Bleu bébé, avec eux aussi

Je prépare la facture et les jambes

Pour l'été, c'est l'arrivée

Quand la saison des cerises commence.

Cerises! Cerises! Cerises!

Les rouges-gorges sont excités et ravis—

Pas le rouge-gorge mais le genre

Cette éclipse aux lèvres cerises

Et je ne suis pas du tout en retard

Robin Jerryes vole des cerises

Quand le mannequin n'est qu'un aveugle.

UN FLOCON DE NEIGE

DE GIVRE AUX MILLIONS d'aiguilles,

Petit cerf-volant parachutiste

Naviguant devant la porte de mon chalet,

Agité, bousculé, à la lumière des fées—

Où, où, d'où et pourquoi

Tu viens de cristal

Du welkin, en toute hâte

Comme une épître perdue ?

Le flocon de neige soupira doucement

« Lisez-moi pendant que je me repose un moment ! »

Alors j'ai lu le pourquoi et le pourquoi ;

Car le flocon de neige est un sourire,

La rosée du ciel fondante s'est figée

De peur que nous ne manquions sa beauté,

L'amour miraculeusement révélé

Sur les ailes du devoir !

LE BLIZZARD

LA pierre ponce blanchie de la tempête

C'est au-dessus de la maison et de la colline

Ou a dérivé vers une forme semblable à un linceul
A propos du moulin en ruine.

Les clôtures se cachent sous les congères ;
Les terrasses enneigées
Montez là où la pruche se lève
Sa robe vierge brodée.

Les défis des autoroutes sans rail
La caravane étouffante
De la circulation et des rapidités
De la craie emprisonne l'homme.

Les loups du vent hurlent à la porte du chalet
Ou en descendant le saut de la cheminée ;
Les fenêtres sont toutes bordées de givre
Où rampent les doigts gelés.

La charpente de la maison gémit sous le souffle et le gel
Comme la carrière de la meute
O'ertaken, mais bien que déchiré et jeté
Toujours vaillant de cœur et de dos ;

Toujours vaillant comme nous, en sécurité
Au feu rougeoyant chaud,
Trop humblement reconnaissant d'être pauvre
Tout en étant à l'abri de la tempête.

SUCRE

ESSENCE de tout ce qui est doux, quelle joie
Pour regarder ton flux d'ambre

Et sirote ton nectar jusqu'à ce qu'il soit écoeurant

Ou fartez-le sur la neige !

Quelle joie de regarder couler les veines

De notre vieil ami de l'érable

Et sache que le vernal Odin règne

En tant qu'héritier de la fin de l'hiver !

Buvez aux arrhes du printemps,

L'ichor du bourgeon,

À tous les espoirs naissants qui chantent

De la vie et de l'amour !

Bois à la douceur cachée en toi

Par des airs plus doux distillés ;

Laissez la nature sucrer et enchérir

Que sa coupe la plus gentille soit remplie !

LA CHRYSALIDE

SORS de ta coquille d'hiver, vieille larve

De cornes et de torsion croustillante,

Et avec tes camarades, frotte-toi les coudes

Plutôt un humaniste !

Une armure en spirale, c'est très bien

Pour sa courbe excentrique,

Mais pas une sombre cellule d'ermite

De réserve cynique.

Sors de ta coquille d'hiver, vieille limace

Des sens et de l'âme endormis !

Vous êtes beaucoup trop rond, dur et suffisant ;

Votre été se déroule

Et montre qu'il te reste un peu de nature

Cela fait germer une aile aérienne ;

L'homme de l'humus est privé

Qui ne peut pas répondre au printemps.

Sors de ta coquille d'hiver, vieux ver

De gaze enveloppée,

Si tu faisais éclater ton derme squameux

Et laissez l'esprit s'agiter ;

Car après tout, pour de meilleures choses

Un homme créé est

Que de rester allongé avec les ailes emprisonnées

Une chrysalide à moitié morte.

QUAND J'ENQUETE

« IL EST minuit et je suis à la campagne !

Le monde est immobile et toutes les lumières sont éteintes

Sauf pour ceux qui clouent le firmament

Avec des grappes de diamants partout.

Comme le royal David méditant sur le ciel

Je suis découvert, déchiré et épuisé par la bataille

Et de mes méditations en troupeau conduit

Par des ours et des lions spectraux ; mais pas comme lui

Victorieux, pour les corbeaux que j'ai frappés

C'était la fierté et le doute modernes qui traquaient ma foi

Pour sa brebis de confiance et à la gorge

Je l'ai emmené loin de moi jusqu'à la mort bêlante.

Mon bâton est cassé et le parchemin que j'ai lu

Mille nuits comme celle-ci gisent froissées là où

Je l'ai jeté alors qu'avec un front fiévreux je m'enfuyais

Dans la désillusion et le désespoir moqueurs

Des mèches grillées qui crachotent encore dans l'huile

De l'auto-illumination avec le quizz

"Que suis je? Qu'est-ce que je SUIS INFINI ?

Dieu! Si la réponse était dans le travail spirituel

Ou comme l'écho de Which Is !

Les étoiles me sourient intactes et calmes.

Mon âme! Ai-je été aveugle pendant tant d'années

À toutes les gloires qui tournent au-dessus de ma tête

Et étoilé du défi de ma quête ?

Orion ceinturé de bijoux et derrière

Courant ses chiens, dans de puissants combats étranges

Avec le Taureau aux yeux rouges !

Et le conducteur de char

Clignotant vers le but en pleine carrière !

Les Jumeaux trois fois immortels se poursuivent de front,

Encourager la course mais rester hors de portée

Des longues pattes maigres d'Ursa où son énorme silhouette

Se profile dans le cercle polaire !

Plus au sud

La forme accroupie du Lion, aux yeux brillants

Et une bouche sombre !

Le laboureur des cieux,

Fier de la renommée d'Arcturus !

Et Hercule

Posant son talon géant sur le croc

Du dragon encombrant ; tandis qu'au-delà

La Couronne du Serpent se moque de cet acte !

Bien au-dessus de quelques degrés

L'Impériale Vega chevauche l'horizon,

Harpé par Lyra, comme quand le matin chantait

La genèse des systèmes décrétés par Dieu.

Brille déjà au loin la Croix du Nord

Où n'y avait-il que tristesse et obscurité,

Comme un symbole flamboyant d'une cause sainte

Qui portait son enseigne tout au long de l'arc d'hiver

Et plus divinement rayonnait d'un feu sacré

Que la dame de la chaise au diadème

Avec des regards éblouissants, ou que sa fille qui

L'impétueux Persée, la trouvant si belle,

Délivré par le droit de la passion de

La Bête aux mâchoires grossières grandes ouvertes.

Je ne manquerais pas non plus l'Aigle aux yeux d'argus

Et rapide sur les ailes de la nuit.

Quoi! Appelle cette nuit,

Avec mille mille soleils dans un espace intemporel

Si vaste que la distance ne donne aucune parallaxe

Et des siècles incalculables s'écouleraient avant la lumière

Du plus lointain vagabond pourrait brûler !

Vos feux sont si vastes au centuple

Plus lumineux que le nôtre à leur tour,

Et dans une direction perdue, il se dissoudrait

De l'étoile filante de la Terre, le pôle est sorti ici !

Si vaste que des hôtes si innombrables tournent

À l'unisson comme aucun tout assemblé

Parmi les mouvements les plus parfaits de l'homme,

Pourtant par le dont il se vante perpétuel midi

Comme si les éléments qu'il avait améliorés tardivement

Et les joue sur un air plus triomphal.

Quoi! Appelez cette nuit et notre petit cadran le jour

Parce que c'est grâce à lui que nous nous voyons et qu'ensuite

Comme de simples automates ! Telle est la manière

Des hommes trop conscients ; pourquoi, même moi

Il y a une heure, on appelait la lumière une lampe vacillante,

La philosophie, le palimpseste des pédants,

L'univers un script en papier mâché,

Alors que là-dessus l'encre de l'égoïsme était encore trop humide

Et les spéculations coulent à flot.

Mais alors que je monte la Grande Autoroute des Perles

Qui se transforme en diamants là où ses coursiers frappent du sabot

Et les roues des chars tournent au-dessus de l'arène

Jusqu'à ce que le parcours clignote en silex et en feu—

Comme mon âme vibre avec cette vision réelle de

La vérité qu'aucune bouche ne peut exprimer - avec désir

Sentir, et non nommer, le Créateur !

La nuit est le jour

Aux yeux que le soleil diurne de la terre avait aveuglés

Mais maintenant, vois la gloire, la majesté, le dessein,

L'amour éternel, le divin,

Balancer les encensoirs, remplir l'espace de salles du trône,

Ordonnant les temps du destin,

Faire de la musique et révéler un but

Parfait mais impensable, pourtant chez l'homme

Accorder une corde de la nature en réponse

Aux notes fugitives d'un plan mélodieux,

Pour égarer les scintilles d'un sort de Maître,

Pour que nous puissions avoir assez de bon sens

Pour palpiter d'un sentiment de théophanie,

Juste assez de respect pour l'Ineffable

De notre néant ponctuel pour pleurer

« Qu'est-ce que l'homme pour que tu te souviennes de lui ?

Et qu'est-ce qu'il est pour qu'il donne un nom

Que nous pouvons louer avec des lèvres vaniteuses,

Une forme de Personne pour le Grand JE SUIS

Avant de daigner l'adorer comme DIEU ?

PAUPACK

OÙ les eaux coulent doucement

Dans ta course de canaux rocheux,

Encore une croissance plus bruyante

O'er les pierres qui freinent ton rythme -

Eaux douces, où vont-elles ?

Riant plus fort alors qu'ils se dépêchaient,

Faire de la musique pendant qu'ils couraient,

Plus profondément encore le rocher qu'ils ont creusé

Et une course volée a commencé

La moitié dans les falaises et les gouffres enfouis.

Ils se jetèrent à travers les passages étroits,

Ils ont sauté dans une cascade folle

Et un rocher couché qui rejette

Ils ont fait un iris brumeux,

Pulvériser jusqu'à ce que le spectre soit capricieux.

Les eaux sauvages ainsi romancées

À travers les gorges de la carrière de la joie,

Renforcement de la sorcellerie boisée,

Paupack pittoresque et cher,

Hâte-toi de danser !

Que ton pèlerinage et ton rire

Dynamiser une veine algonquine

Jusqu'à l'attrait que je suis après

Ravine à nouveau tous les sens

Comme la crue de l'eau ;

Jusqu'à, ô Paupack, chaque érosion

De ma nature est inondée

Avec une émotion primitive,

Avec une impulsion de sang,

Chantons vers l'océan !

COIN DU FEU

MÈRE

UN seul lien est vers nous tous

Un lien indéfectible,

Une seule pensée du rappel du temps

Fait réagir le monde entier.

Chers liens, il y a des liens qui nous unissent

En tant que parent, ami ou frère ;

Mais Dieu, un universel, a choisi

Au cher nom de « Mère ! »

Un seul visage n'est pas un étranger

Parfois de chaque côté,

Un seul amour dont le saint baiser

Rares sont ceux qui ont été refusés ;

Et si nous le chérissons

Ou son affection l'étouffe,

Pourtant, c'est toujours la coupe de communion du monde

Est-ce que le cher nom de « Mère ! »

Une seule touche de nature fait

Au mieux, nous nous sentons pareils,

Un seul cadeau pour nous

Balance le reste ;

Et que ce soit en bien ou en mal, nous

Sont humains les uns envers les autres

Quand notre souvenir le plus sacré

Est-ce que le cher nom de « Mère ! »

BAVARD

Miss Chatterbox , venez ici et dites-le

Moi, tout sur le sort des fées

Si nouveau pour toi mais étrange pour moi

Jusqu'à ce que vous raviviez son mystère !

Moi aussi, j'apprécie les tonnelles d'été

Mais tu ensorcelles les oiseaux et les fleurs ;

Moi aussi, je me réjouis dans les coins ensoleillés

Mais tu fais la musique des ruisseaux !

Miss Chatterbox, le partage secret

De toute la magie de l'air !

Comment se fait-il que la brise passagère de la forêt

Être le murmure des arbres ?

Comment se fait-il que les échos traversent leur écran

Être les farces des elfes invisibles ?—

Les queues touffues et les yeux en forme de perles

Le sorcier et les espions Kewpie ?

Miss Chatterbox, l'énigme est lue

De ces cœurs qui saignent au bord de la clôture,

De cette émeute sur le terrain

Où les renoncules cèdent aux pâquerettes ;

Où les sprites somnolents sirotent des bonbons au trèfle

Et le goglu des prés rencontre Cupidon ;

Où les brownies sont sur la butte

Les boules du pâturage roulent.

Miss Chatterbox, comment ça se passe

Que tu es à l'aise dans toute cette sorcellerie ;

Que dans tes pieds les fées dansent

Et de tes yeux le regard des esprits solaires ;

Que dans tes boucles se trouvent des plis elfiques

Et sur ta joue un Cupidon fait un clin d'œil ;

Les nymphes des bois frappent dans leurs mains

Et tu es le signe de la nature ?

<hr>

PETIT BAS

ASTUCIEUSEMENT , patiemment je te tricote,

Petit bas,

Compter les points pendant ce temps ;

Avec amour, je pense à toi

En se balançant

Aller et venir, aller et venir, avec le sourire,

Sur les pieds de bébé j'embrasse

Ou dans le sommeil, mademoiselle absente,

Les rêves s'assemblent, petit bas,

Comme ça.

Habilement, avec nostalgie, je te tisse,

Verrouillage

Les brins à l'intérieur, à l'extérieur et autour ;

Tendrement en tête je te quitte,

Petit bas,

Pendant que le fil de laine se déroule,

Et je pense aux pieds de bébé

Vous couvrirez une fois terminé,

A moitié moqueur, petit bas,

Si charmant.

Habilement, je te talonne,

Petit bas,

En cliquant sur les extrémités de l'aiguille ;

Avec tendresse, je te façonne et te sens,

Le cœur qui parle

Au fur et à mesure que le tissu effilé se dépense ;

Les pieds de bébé seront-ils vrais

Aux rêves que j'ai tissés en toi ?

Petit bas, petit bas,

Adieu!

<hr>

VISAGES D'ELFINES

AUTOUR de moi, rassemblez Rosycheeks,

Propre et frais comme des pêches,

Filles souriantes des Grecs,

Langue d'or avec des discours.

"Papa, dis à tes petites filles

Tout sur les fées !

Bénis mon âme ! ils avaient tous des boucles

Et les lèvres de Cupidon sont comme des cerises.

Oui, en effet, et des yeux étoilés

Et de joyeuses petites fossettes

Quelque chose comme une surprise sournoise
Caché dans des guimpes rusées.

Oui, et des pieds de bébé scintillants
Dansant au milieu des fleurs,
Rassembler le miel sucré
Pendant les heures du matin.

Mais c'est au crépuscule qu'il est temps
Chacun devient un brownie,
Murmurant une rime endormie,
De plus en plus doux et duveteux

Jusqu'à ce que je déclare qu'il y a des sources
De chaque épaule
Petites ailes d'ange moelleuses
Cela l'enveloppe d'abord, -

Ensuite, je dois me frotter les yeux
Tous alertes et effrayants,
Car les mouches s'envolent directement par la fenêtre
Chaque fée

Et je reste là tout seul,
Regarder dans les coins.

Les petits visages d'elfes sont partis
Laissez derrière eux les personnes en deuil.

SWEET 'STEEN

Petit tablier trop grand

Accroché là derrière la porte,

Rarement vu,

Sprigged partout plein de bourgeons

Comme les hier dont la mousse

Je ne t'ai lavé qu'en partie—

Que veux-tu dire

En faisant revivre une telle époque

Comme un fantôme mis en déroute

Jusqu'à ce qu'il se rue et rime ?

Ah, c'est triste d'y penser—

Missy à qui tu convenais

Jusqu'à entre

En haut et en bas, il y avait un coup d'œil,

Maintenant, on porte des styles de France ;

Hélas, elle est devenue

Doux seize,

Avec la vanité de jeune dame

Et sa vanité germée—

Seize ans, tablier et doux !

GARÇON

Garçon , tu es l'œuvre des siècles,

Se déplaçant par les clairières et les ruisseaux de la création—

Rire des sages

Et remplir toutes les pages

Du temps éternel avec tes espoirs et tes rêves !

Garçon, tu es l'œuvre de la nature,
Mélange de terre, d'air et de feu.
Dans la conscience et la fonctionnalité
Une créature juvénile
Avec un esprit actif et des membres qui ne se lassent jamais.

Garçon, tu es l'œuvre de la joie
Et destiné à remplir le monde de cris vigoureux,
Avec du rire, pas avec de la tristesse,
Avec le bien, pas avec le mal,
Avec une grande confiance et sans aucun doute !

Garçon, tu es l'œuvre du ciel,
Une pensée pour donner au monde un bon héritier—
Un levain vivant et joyeux,
Un esprit noblement animé
Pour tenter l'avenir et oser divinement !

CROIX LEVÉE D'UN ENFANT

COMMENT nous enseigne le simple plaidoyer de l'enfance
Notre plus grand besoin et notre pauvre difformité
Quand un tel enfant pouvait prier à chaque heure de vêpres,
« Seigneur, guéris-moi et enlève ma croix !

"Pour que je puisse partager la joie et le retour de l'amour,
Pour que je puisse vivre pour travailler et apprendre
Et que demain pourra racheter aujourd'hui,
Seigneur, guéris-moi et enlève ma croix !

L'aide n'est pas descendue alors que le cri montait,

Ce n'est pas comme la soif de donner la coupe ;

Pauvre petit, si seulement on pouvait dire

Dieu l'a guéri et lui a enlevé sa croix !

C'est ainsi que nous apportons notre propre chagrin déformant

À notre médecin bien-aimé pour le soulagement ;

Et comme notre fardeau à tes pieds nous déposons,

Seigneur, dis que tout va bien et enlève notre croix !

Ainsi aussi, nous amenons notre âme difforme au péché

À notre grand guérisseur, qui peut nous guérir,

Et là, à côté de Sa croix, pas de la nôtre, nous prions,

« Seigneur, guéris-moi et ôte mes péchés ! »

Ah, le temps peut mettre un terme à la douleur et aux soucis ;

Qui sait quelle est la réponse à la prière

Ou pourquoi le Potier brise l'argile défectueuse ?

Seigneur, rends-nous beaux à ta manière !

LE GARÇON MILLIONNAIRE

GARÇON , je vaux cent millions

Et j'ai soixante saisons,

Mais tu vaux environ un milliard

Dans une autre sorte d'or !

J'ai l'argent, tu as le trésor,

Tu as le futur, j'ai le passé,

J'ai le pouvoir, tu as le plaisir,

Le mien est éphémère, le vôtre durera.

Quand tu siffles à travers le trèfle,

Capturer le bourdon,

Quand le ruisseau déborde

Et la ligne de truite astucieusement

Sent le tourbillon - qui peut offrir

Vous êtes un royaume plus divin ?

J'ai un coffre qui déborde

Mais j'échangerais tout contre le tien.

UNE BERCEUSE

PETIT oiseau, replie tes ailes,

Blottis-toi dans ton nid ;

Pendant que le vent balance ton berceau,

Bébé-oiseau, repose-toi !

Oh, si petit, si chaud et si proche

Au sein de ta maman !

Oh, si libre du mal et de la peur !

Allez vous reposer, allez vous reposer !

Petite fleur, cache ton visage,

Car c'est le soir !

Dans l'étreinte de la nuit endormie,

Petite fleur, cache-toi !

Oh, si petit et juste et toujours

Sur le sein de ta maman !

Oh, si libre de soucis et si malade !

Soyez au repos, reposez-vous !

Petit bébé, ferme les yeux ;

Les fées viennent pour toi

Du pays des berceuses,

Où sera mon bébé

Oh, c'est tellement heureux pendant qu'elle dort

Sur le sein de sa maman !

Et j'embrasse ses lèvres souriantes ;

Elle est au repos, elle est au repos !

LA DERNIÈRE CHANSON

ENCORE une petite chanson, maman,

Avant que je me couche;

Car tu as souvent fait taire mon cœur

Pour dormir doux et profond.

Avant qu'il ne fasse nuit, j'ai envie, mère,

Pour ta chère voix, qui semble

Pour faire partie de ton doux visage

Des rêves dorés de l'enfance.

Encore une petite chanson, maman,

Avant de m'endormir pour me reposer ;

Car tu as souvent apaisé mes craintes

Sur ta tendre poitrine.

Ton amour si grand était fort, mère,

Avec le repos sûr de l'enfance

Sur des lèvres qui ont embrassé ses larmes,

Dans des bras qui le tenaient près.

Encore une petite chanson, maman,

Avant de rêver de ciels

Où les étoiles et les fleurs sourient et brillent

Et les harpes des anges surprennent.

Mais pas dans la foule du Ciel, mère,

Y a-t-il un visage plus cher,

Une chanson ou une âme plus douce que la tienne

Le Gloryland en grâce.

JEUNESSE

Une VISION du matin,

Un éclat de rosée,

Avec des roses ornant

Le pèlerinage de la vie;

Toute joie et aucun chagrin,

Pas de problème pour emprunter,

Un lendemain sans fin,

Et l'amour est toujours vrai.

ÂGE

S'ASSEOIR dans la pénombre

Et médite près du feu

Jusqu'à l'esprit de retour

Prend les ailes du désir ;

Et les possibles s'éclaircissent

Et les choses à venir s'éclairent

Et les cieux s'élèvent

Et les saints inspirent.

SENTIMENT

UN COURONNEMENT

CHÈRE , sur ton front j'ai mis une couronne,
Invisible mais rare ;
Pas d'or précieux, qui pèse
Avec royauté et soin.

Je ne t'apporte rien d'autre que mon amour
Et ce que mes mains peuvent gagner,
Et pourtant je te couronne, chérie, au-dessus
La reine la plus fière d'un royaume.

J'embrasse chacun de tes cheveux brillants
Enroulé légèrement autour de ta tête,
Et la gloire de la femme devient divine
Avec l'aurore de l'amour.

Si tu peux oublier le reste,
Les pierres précieuses que je ne peux pas apporter,
Ce joyau te devient le meilleur
À moi, ton roi-amant.

Cher, dans mon âme tu as un trône
Tout blanc et or céleste,
Et sur ton front j'ai mis une couronne
C'est cela qui enveloppe mon cœur.

ELLE m'a embrassé quand nous nous sommes séparés,—

Je dois naviguer sur la grand-voile orageuse,

Elle doit garder le petit chalet

Bien au chaud jusqu'à ce que je revienne ;

Et je me souviens bien

Ce qu'elle a promis encore et encore :—

"Quand tu viens de l'océan

Je surveillerai sur le rivage ! »

J'étais donc un joyeux skipper,

Corde à enroulement ou voile à ris ;

Je suis entré dans de nombreux ports lointains,

De nombreux navires en route vers leur pays ont grêlé.

Si j'ai envoyé ou reçu un message,

La promesse portait toujours :

"Quand tu viens de l'océan

Je surveillerai sur le rivage ! »

La mort est venue en béant dans la tempête ;

Sauvage et haut, les embruns volaient,

Et du pont vertigineux et de la tête de mât

Souvent, je pensais que mon heure était due ;

Jusqu'à sa chère promesse prophétique

Chantait au-dessus du rugissement des vagues :—

"Quand tu viens de l'océan

Je surveillerai sur le rivage ! »

Mais hélas! Une fois, j'ai hébergé

Elle dormait blanche et toujours

Où le lierre faisait un treillis

Du belvédère sur la colline ;

Et le marbre froid gravé

Pourtant la promesse d'adieu portait :

"Quand tu viens de l'océan

Je surveillerai sur le rivage ! »

Je te donne ma promesse

Je te DONNE ma promesse, chérie,

Avec tes chères lèvres sur les miennes,

Que rien ne nous éloignera

Le scellement de ce signe ;

Au fur et à mesure que j'erre dans le monde

Par l'espoir de la fortune accélérée,

Mon cœur deviendra de plus en plus affectueux

Pour ta promesse de me marier.

Je te donne le gage, chérie,

Dont le cercle sur ta main

Que Dieu puisse ne jamais être brisé,

Quelle que soit la distance du pays !

Car là où il plaît au Ciel

Pour guider mes pas errants,

Ce petit jeton donné

Tenira la promesse douce.

Je te donne la garde, chérie,

De mon propre cœur qui plaide

Pour la récolte immédiate de l'amour

Et avec les saignements d'adieu ;

Mais moi avec des bras qui te tiennent

Il faut aussi travailler pour toi ;

Et donc je t'enveloppe rapidement

Et je te dis, mon amour, adieu !

ROSES CHAMBÉRÉES

DANS la salle Dolorosa,

Des souvenirs romantiques qui respirent,

Il y a une vieille pièce pittoresque avec un mur fleuri

De roses s'entrelaçant,

La clé sur la chaîne dorée que je porte

Pour garder la chambre sacrée,

Car en tant que mariée sage et juste

Ma sainte Marie y est venue.

C'est elle qui l'a arrangé ainsi

Et aidé à assortir les roses,

Comme elle, hélas, celles qui grandissent

Sur les murs où elle repose.

Je les nourris, les autres scellent

Pour une nécromancie plus subtile

Où les roses aimantes de Marie volent

Autour de la salle de fantaisie.

Ils déambulent de chaque coin de rue pour

La bordure sur le moulage

Et cela continue dans les bourgeons et les vrilles

Le plafond est doré.

Aucune main ne les démolira jamais

Avec une violence artistique bon marché,

Car Marie a enveloppé les roses,

Encore parfumée de son silence.

DEUX CADRES

DANS la galerie du souvenir

Dans la rue inoubliable

Accroche une photo de deux amants

Après quoi, les vœux sont répétés ;

Charmant—beau—photo—amants—

Encadré doré contre le mur,

L'amour dans un cadre riche et majestueux—

Recettes et manoir.

Et à côté il y en a un autre,

A nouveau limné avec la pose des amoureux,

Tout aussi joli sur la toile

Jusqu'à ce que l'or brille en lui ;

Mais c'est encadré d'émail blanc

Sur quoi les lys s'entrelacent -

L'amour dans un cadre doux et simple—

Vertu et vigne-chalet.

L'amour en femme se tient devant eux

Avec de l'or et de la grâce réfléchis

Mais avec une décision difficile

Sur son visage rosé et fleuri ;

Les yeux sont attirés par le cadre jaune,

Ensemble coeur sur toile en blanc :

Homme riche, homme pauvre ? L'amour en femme

Choisissez et les lys se sont tournés vers la lumière.

PARS RÉSUMÉ

Je NE pensais pas que l'amour était le mien

Parce que j'ai travaillé dur ;

Mais si j'attrapais chacune de ses lignes

Et pas dépouillé

Un amour plus parfait pour honorer le mien,

Alors pourrais-je ressentir

Que je suis sur le trône suprême de l'amour

Pourrait à juste titre s'agenouiller.

J'ai voilé mon visage quand la gloire est tombée

Sa lumière tremblante ;

Je ne lèverais pas non plus ma tête humiliée

Jusqu'à ce que je sois blanc

Pourrait montrer la pureté d'une âme

Cela révèle

L'amour qui devant le tout sacré

Peut à juste titre s'agenouiller.

Mon autel était son lieu de bénédiction

D'où elle a accordé

Les dons divinement de sa grâce

Lors de l'adoration, je me suis incliné ;

Car alors que mon adoration augmentait

L'idéal de l'amour

Elle m'a élevé comme l'un d'entre eux
Qui s'agenouille à juste titre.

UNE VISION

GRAND et blond et aux yeux azur,
Regards secrets sous les cils tombants
Comme les flèches de Cupidon dans un carquois astucieux,
Elle est ceci et bien plus encore,
Ce qui serait téméraire à raconter en détail
Par n'importe qui, sauf du mendiant au donateur.

Si je rassemblais, si elle donnait,
Je pourrais mieux le mettre en art,
Par d'innombrables petites choses charmantes exaltées...
Des tresses soyeuses dans une vague,
Joue avec un pigment volé au cœur,
Et la bouche la plus invitante jamais créée.

Je suis toujours à court de vérité totale
Juste pour mettre en valeur son joli visage
Couronné de limbes rebelles ou coiffés ;
Pourtant le plus grand charme de la jeunesse
Est-ce que la douce grâce inimitable
Cela baigne une femme d'un nimbe lumineux.

Et cela, ma déesse l'a amélioré
Par chaque instinct féminin du goût,
Et toujours le charme plus profond du spiritisme...
Qui, si c'était l'âme et l'amour
Une âme sœur dans ce monde de gaspillage d'amour,

Je rirais de chaque catéchisme égoïste

De la sagesse du monde et de son credo

Et tremble devant le sort que l'amour a révélé,

Rougi à son aperçu du Paradis, délirant

Cette vie n'était pas que de l'artisanat et de la cupidité

Mais sous ses bas-fonds à moitié cachés

Lay passion grande, transfigurante, impérieuse !

LES APRÈS

DES AMOUREUX faisant des vœux insensés,

Penser que l'amour est immortel

Quand il est plus féroce d'épouser

Qu'est-ce qu'il chante si essoufflé ;

Maintenant caressant, maintenant avouant

Dans la strophe romantique—

Telle est la passion et sa mode

De l'extravagance.

Mais l'amour qui vaut un trône

C'est le genre qui plus tard

Plus que du simple sentiment

Prouve et le ciel est plus grand

Qu'une frénésie de fantaisie

Ou un credo de la nature,

Ou les louanges en belles phrases

D'une charmante créature.

Oh, les heureuses conséquences

Quand l'accouplement est terminé
Et des épreuves de vie et de mort
Apprenez à l'amant de Whitlom
Que la femme, bien que humaine
Des charmes qu'il lui a consacrés,
Est l'essence d'une présence
Plus doux et plus divin !

MOTS DE PREUVE

IL Y avait un visage – je l'adorais ;
Il y avait un pouls, je l'ai senti ;
Il y avait une âme, je l'ai senti
Et je l'ai fait mien pour toujours.
Il y avait un cœur, je l'ai prouvé ;
Il y avait un mot – je l'ai épelé ;
Et pourtant, à peine avait-il commencé
Lorsqu'on l'appelle des rêves.

Il y avait un espoir : je l'ai enveloppé ;
Il y a eu une prière, je l'ai accélérée ;
Il y avait un sceau, je l'ai donné,
Puis j'ai dit adieu à mon amour.
Il y eut un soupir, je le respirai ;
Il y a eu une larme, je l'ai versée ;
Il y avait un cadeau, je le garde
Savoir que mon amour est vrai.

SOUVENIRS

ADIEUS

QUAND nous sortons du navire ou du rivage

Dis adieu... Oh, bon courage !

Même si le voyage est peut-être terminé

Des océans immenses et personne ne peut le dire

Si nous le ferons à jamais

Se revoir, mais au revoir

Signifie un espoir dont les accents épellent

Jusqu'à ce que nous nous saluions à nouveau : adieu !

Quand nous survolons la mer ou la terre

Vœu de bonne chance – Oh, vite-toi, mon Dieu !

Lui, nous lui faisons confiance avec une main bienveillante,

Que le chemin soit étroit ou large,

Parfois du rivage lointain

De retour pour nous amener chaussés

Joyeux sur le chemin que nous avons parcouru.

L'espoir est une bonne chose – vite à toi, mon Dieu !

Quand notre mot d'adieu est arrivé

Au revoir, que Dieu soit à toi !

Que ce soit nous-mêmes qui s'en sort

Ou un autre nous démissionnons,

Pourtant engagé à ses soins

Et un avenir aussi bénin,

Nous attendons la preuve divine

Au revoir l'espoir, que Dieu soit à toi !

LA POUSSIÈRE À LA POUSSIÈRE

TERRE à terre, nous soupirons tristement—

Bien-aimé, bien-aimé, pourquoi es-tu mort ?

Ciel, pourquoi une mort prématurée

Quand la vie et le souffle sont-ils si doux ?

La Terre et le Ciel nous disent pourquoi

Notre bien-aimé doit mourir ?

Poussière en poussière, les éléments

Avalez de l'argile et sens du sommeil.

Veux-tu te réveiller, bien-aimé, pourtant

Aux yeux qui ne sont plus mouillés,

Aux bras qui ne font plus mal,

Veux-tu, ô bien-aimé, te réveiller ?

Cendres aux cendres se mélangent,

Ils couvrent la chair, tordent les larmes.

Bien-aimé, bien-aimé, les fleurs que j'apporte

Flétrissent, mais ceux qui jaillissent

O'er ton moule avec un sourire promis

« Très chère, encore un peu de temps !

PETITS MOTS

NE DIS que les petits mots de vérité

Et ils vivront quand tu auras cessé d'être ;

Les lèvres par épreuve quotidienne mises à l'épreuve

Ne respire rien de plus doux que la sincérité,

Aider ton frère à être vrai comme toi.

Ne parle que des petits mots d'amour
Et ils s'attarderont quand la langue sera tranquille ;
Car s'il y a des trônes, ils enlèveront,
Mais l'amour permet à toutes nos pensées de remplir
Et façonne le souvenir comme bon lui semble.

Parle mais les petits mots d'espoir
Et ils réjouiront le chemin quand viendra la nuit
À toi ou à d'autres qui, dans le noir, tâtonneraient
Mais pour le courage de ton humble lumière
Nourris par l'huile de la promesse : « Tout se passe bien ».

Parle mais les petits mots de confiance
Et ils dépouilleront la lutte de sa croix,
Le cœur du chagrin, l'amertume, la poussière
De la victoire sur nos morts - car par perte
La confiance voit le gain éternel transformer les scories.

UNE VIE AU BORD DU CHEMIN

Un PETIT ruisseau jaillit de sa source lointaine,
Et à travers la vallée peuplée avec une chanson
Il a tenu sa route souriante et sans incident,
Reconnaissant du courant d'air rafraîchissant toute l'année,
Jusqu'à ce que ceux qui en buvaient quotidiennement devinrent forts.

Une petite étoile brillait doucement dans la nuit,
Et dans l'armée céleste aux multiples gloires
Il a jeté une lumière véritable et infaillible ;

Pour que, par constance, ce soit le plus aimé

Parce que faute de cela, aucun chemin n'a été perdu.

Une petite pièce passait de main en main,

Et a humblement rempli sa mission jour après jour

Dans les besoins de la vie, sa valeur pourrait s'imposer ;

De l'or pur, bien que petit en monnaie,

Et bien des dettes du besoin suffisaient à payer.

Une vie humble était vécue là où les autres se sentaient

Sa vérité et sa valeur à la portée de la main, des lèvres et des yeux ;

Et quand ce fut fini, ses débiteurs se sont agenouillés en silence

Pour remercier le Donateur pour son ministère—

Le ruisseau, l'étoile, la pièce de monnaie avec laquelle ils voyageaient,

La vie disparue dont la bénédiction de la grâce

C'était comme une tasse d'eau ou une poutre

De lumière amicale ou comme l'or dont la base

De l'humanité, même si cela peut atténuer la lueur,

Pourtant périt et laisse sa valeur suprême.

Ô LARME !

Ô LARME de chagrin arrachée par un esprit frappé

Par la réquisition de la nature de notre sanctuaire

Et mon bien-aimé ! — si la langue sympathise

Peut dire un mot d'espoir ou de réconfort

Approuvé par le Ciel,

Dépose-toi dessus comme une sphère de bijoux

Dont l'iris tremblant le rend plus beau !

Par une parole si inspirée du Ciel, ô larme

De douleur humaine, tu es fait pour être

Divinement ravi de réconforter plus cher

Qu'un amour impuissant ou une sympathie désespérée !—

Car tu es rempli

Avec des visions maintenant de la sphère suprême de l'âme,

Comme le tien mais infini en amour, ô larme !

Tu es trop flou et aveuglant maintenant pour laisser

Ton œil contemple la beauté de la lumière

Cela brille à travers ton chagrin, mais tu le feras encore,

S'il plaît à Dieu, avec une vue ointe par la foi

Et aimer à nouveau

Dissoudre dans la joie et pour le sépulcre

Heureux ce qui fait la victoire, ô larme !

LA ROSÉE DE POUSSIÈRE

Ô MORT de la terre, réjouissez-vous !

Les fleurs de la poussière

Par les rosées printanières surgissent

Et le sourire ravivant la confiance,

Quand de leur tombeau hivernal ils se réveillent

Et c'est parti pour les vacances beauté d'été.

Et ainsi dormira

Dans notre tombeau charnel ;

Le marée de Pâques libérera

La vie qui reste engourdie,

Et de la poussière ressuscitera

La floraison immortelle du printemps et de la rosée.

Dites de ne pas tourner en cendres
Notre être avec sa coquille,
Car une divinité brûle
Par la mort inextinguible
Pour réchauffer le pauvre moule froid dont nous sommes
Et notre nature immortelle le prouve.

Si ce n'est pas une autre grâce
Habillera le désir de notre âme,
Que la tombe ne s'efface pas
À quoi aspire-t-on en nous !
Alors serons-nous plus nobles que l'argile
Et donnez une vérité à « la vie pour toujours ».

UN SOURIRE

COMME de la vitre, une lumière brille
Pour encourager le voyageur le soir,
Ainsi son sourire était-il le rayon toujours amical
Cela éclairait le chemin ou ordonnait à l'invité de rester.

Elle ne connaissait ni croix ni souci mais ce qui était soulagé
En souriant, ayez confiance que tout allait pour le mieux ;
Quand tout le monde était heureux, elle était contente,
Quand elle pouvait les rendre heureux, elle était bénie.

Nous savions qui l'aimait le plus, la douceur de
Son regard toujours doux et sa grâce chrétienne ;
Elle a rempli la maison d'un précieux amour maternel,

Et personne d'autre ne peut occuper sa place sacrée.

Son sourire était celui qui brillait sous le soleil et la tempête,
Dans le ministère envers les autres ou quand ils
Je l'ai regardée pour sortir des ennuis, et le charme
Une telle sérénité chassait le doute.

Elle a souri dans la vie et puis le miracle
D'une âme tranquille a triomphé jusqu'au bout ;
Elle sourit dans la mort pour nous réconforter : « Ça va ! »
Pour nous faire savoir qu'elle a trouvé un ami.

PHILOSOPHIE

- 42 -

LES HAUTS DES COLLINES

IL Y a un ciel nuageux et maussade,

Mais qu'en est-il de cela ?

Il y a des yeux mécontents,

Mais qu'en est-il de cela ? .

Quand le jour est le plus sombre,

Sur les sommets des collines à l'ouest

Il y a du soleil. Frère, le meilleur

Pensez-y.

Il y a assez de regards austères,

Mais qu'en est-il de cela ?

Tâches rébarbatives, dures et rudes,

Mais qu'en est-il de cela ?

Même si le temps se gâte dans la vallée,

Au sommet des collines, il y a des kilomètres

Des sourires invaincus du vieux Sol ;

Et ça ?

Vivre longtemps dans la vallée,

Peut etre que

J'ai éteint les rires et les chants ;

Mais pour ça,

Les cœurs pourraient se tourner vers des collines plus élevées,

Embrassé par le soleil et plein de ruisseaux,

Sourire face aux soucis et aux maux.

Pensez-y !

L'HOMME QUI PORTE LA HOD

ALLEZ , façonnez et brûlez l'argile en brique

Avec toute l'habileté des âges ;

Il a fallu la pelle et la pioche

Avant, il fallait les sages.

Mais laisser cela au passé d'Honor

Pour les choses que les hommes applaudissent,

Qui est-ce qui rend la pile si vaste,

Un édifice pour s'élever et durer ?

L'homme qui porte la capuche.

Le potier et l'architecte

Peut façonner et planifier le temple,

Les maîtres d'œuvre peuvent ériger,

Ennoblir ou assembler;

Mais laisser ça à la gloire future

Pour des choses que nous louons rarement,

Qui est-ce qui porte le cadre

Sur les épaules appelé à la place du nom

L'homme qui porte la cagoule ?

Le rêveur et l'homme d'État peuvent

Inspiré par le génie,

Et dans le four mets l'argile

Cela fait naître de la renommée entre nous ;

Mais qui doit entasser les briques qu'ils façonnent

Sur des dossiers et des bases larges,

Travaillez les échafaudages et soutenez

Les tours deviennent hautes et audacieuses ?

L'homme qui porte la capuche.

Faites du jogging !

JOGGING ! Faites du jogging !

Le jour est jeune, le but est devant nous,

Les membres sont forts et l'espoir est nourri

Sur des promesses où que vous regardiez,

Du bourgeon hochant la tête et du ruisseau riant.

Remonter le moral! Remonter le moral! pendant qu'il y a une chanson

D'oiseau ou sourire de coin ensoleillé,

Il y a de l'amour et du pain. Alors faites du jogging !

Faites du jogging ! Faites du jogging !

Il n'est que midi et il y a une auberge

Où tu pourras bientôt gagner une heure

D'humble camaraderie et de tarif—

Un luxe de vie trop rare.

Salut, ami bien rencontré, qui dans la foule

Est fraternel malgré les soins !

Il y a des parents humains, alors courez !

Faites du jogging ! Faites du jogging !

Le soleil se couche mais le crépuscule est toujours

Pour atteindre la ville sur la colline ;

Et là, le soleil est haut d'une heure

Pour te donner la grâce des pieds et des yeux.

Continuer à! Continuer à! avec une volonté intrépide ;

Tu as toujours la promesse du ciel

Les étoiles jusqu'à! Alors faites du jogging !

L'ARBRE GÉNÉALOGIQUE

VOTRE généalogie est peut-être

La plus belle chose sur terre

Ou simplement un arbre décadent

De descendance et de valeur passées.

Les enfants des puritains

Devrait avoir les âmes des pèlerins

Ou bien un fil extraterrestre s'étend

Vos poteaux isolés.

Une aristocratie de race

Est-ce que c'est ce qui garde le cachet

De l'esprit d'un acte héroïque

Dans la salle ou le camp des patriotes.

Les veines dont le sang coule vers la maison

Ou droit ou liberté

Devrait être le même dont ils viennent,

Pour garder la nation libre.

A retrouver dans notre lignée ancestrale

Un père de sang noble

Nous met la vérité pour faire le signe

De notre écusson bon.

Les abstentionnistes coloniaux condamnent

Comme des fantômes sortis de fûts creux

A moins de les réincarner

Sans leurs linceuls et étoles.

Être bien né il y a un siècle,

Un siècle de fruits,

Un siècle de terre à emballer

A propos de l'ancienne racine,

Est-ce qu'un tel héritage nous convient

Peut le retracer jusqu'à sa source

Pour tout ce dont gonflent ses rejetons,

Son cours d'ichors vital.

REPLVIN

QUI peut se repeupler tout seul

De ses débiteurs platoniques—

De plagiaires peut-être inconnus

Qui lui vole ses pensées ou ses lettres ?

Sa propriété est petite ou grande

Comme cela vaut la peine d'être utilisé,

Et un tel hommage à son tarif

Rend la propriété qui vaut la peine d'être perdue.

Pour dire ou faire une chose qui est bien,

Ce qui rend le monde plus sage,

Devrait être une royauté divine

À tout sauf un avare.

Leur livre de chair a laissé Shylocks poursuivre en justice

Et banque en chiffres sept—

Ce qui nous est le plus noble est ce qui nous est dû
Dans les marchandises au-delà de la réutilisation.

HOMÉLIE

QU'EST-CE QUE LA VÉRITÉ ?

LA VÉRITÉ est la vision du ciel

Cela ne nous demande pas d'être sages

Mais juste pour lever les yeux perspicaces

Partout où il y a une lumière vivante

Pour rendre plus claire la voie du droit

Ou une humanité souillée plus blanche.

La vérité est le sens de toutes choses

Pas à l'esprit mais aux sources

De l'amour, de la paix et des modes ;

Car ce que nous aimons est la préoccupation de la vie

Et l'espoir est plus que ce que les sages apprennent

Et c'est vers la vérité que nous nous tournons.

La vérité est l'esprit de toutes les vérités

Qui part de la même suprématie

Et le but universel le prouve :

La vérité est la lumière et non les sphères

Dont les lois ne sont connues que des voyants ;

Mais c'est par les étoiles que le marin dirige.

La vérité est l'image de son Dieu

Qui a foulé toutes ses perspectives infinies

Et il a jeté ses attributs à l'étranger ;

Car bien que trop rare pour des esprits plus denses

Son miroir rend réel le sentiment

Et donne une évidence à son âme.

AMITIÉ

Ô AMITIÉ ! Sur la couronne de la vie, la perle

Au milieu de ses joyaux rares,

Une étoile pour paysan ou pour comte

Les autres joyaux quoi qu'il en soit...

Soyez un diamant sur le front royal

Ou le grenat terne par le travail,

Tu es le rayonnement du cœur,

De la puissance ou de la puissance la plus noble.

Mais ah, pour seulement t'apprécier

Comme trésor de désir

Pour une pureté incomparable

Nous ne faisons qu'admirer;

Et ne pas ressentir ta valeur intérieure

Comme une substance des profondeurs primitives,

Un miracle d'une naissance troublée

Là où la nature humble rampe !

Est-ce, ô Amitié, digne de

Les louanges de la Muse,

De la vie si légèrement encline à l'amour

Mais refuser le feu ?

Si seulement nous tenions dans nos mains

Le sacrifice d'un autre

Et ne lui rends aucun cadeau en or,

Ce n'est pas la Perle du Prix.

PENSÉE

PENSEZ noblement !

Car les choses sur lesquelles nous réfléchissons sont la somme

De ce que nous chérissons et que nous devenons

La mode de notre pensée – tout comme depuis

La chaîne dont nous connaissons le lien.

Pensez donc noblement !

Pensez purement !

Car notre méditation est le verre

Par lequel passe notre esprit en vision,

Le visage de Dieu qui regarde — et la grâce

De son déploiement divin.

Pensez donc purement !

Pensez vraiment !

Car un véritable idéal est la lumière

Par lequel nous luttons pour gravir les hauteurs élevées

De la divinité suprême de la Vérité - et du droit

À quoi cela nous incline.

Pensez donc vraiment !

QUAND JE NE SUIS PLUS

L'Orient, là-bas, SERA-T-IL ROUGI DE LA TEINTE DU MATIN ?

La rosée de cristal brillera sur les fleurs

Et le ciel conserve son doux bleu céruléen

Quand je ne serai plus ?

L'océan de jaspe fera-t-il encore le tour de la plage
Et courtiser les fleurs sauvages juste hors de sa portée ?
Les oiseaux des arbres murmureront-ils encore chacun à chacun
Quand je ne serai plus ?

Le ruisseau qui rit continuera-t-il son chemin ?
Est-ce que ta lune sourira tristement sur mon argile
Et ces étoiles scintillantes dansent dans la journée
Quand je ne serai plus ?

Un monde souriant saluera-t-il l'aube
Et pourtant son cours d'amour et de joie continue...
Mon image autrefois, un cœur enchâssé, bientôt disparu
Quand je ne serai plus ?

Que signifie cette inquiétude glaciale : le destin ou la peur ?
Mort, déchire le voile et calme ce sombre désespoir !
Dis, dis-moi, est-ce que ce souvenir sera cher
Quand je ne serai plus ?

———

Ah Mort, ta seule bonté est le bonheur
De réponse dans le plus beau baiser d'adieu de l'amour
Celui-là, au moins, mon humilité manquera
Quand je ne serai plus !

———

LE SENTIER BLAZÉ

LA VIE est un désert humain
Où le devoir, le droit et la vérité
Sont emmêlés dans les marais

De la folie, du doute et de la jeunesse.

Je sais que je ne peux pas espérer me séparer

Un chemin à travers frein et rigole,

Mais je pars d'un indice directeur

Si je peux seulement ouvrir la voie.

La forêt pendant que je lutte à travers

Par boussole, soleil et étoiles

Je vais marquer pour qu'un autre aussi,

Je peux voyager à travers mes cicatrices.

Des bois où le travail se perdrait

Et les pieds se tromperaient ou échoueraient

Je vais isoler des pins sur des crêtes croisées

Et trace-leur la piste.

O'er range et rivière vers l'ouest

Je vais garder et prier pour apprendre

Pas ce qui est le plus simple, mais le meilleur,

Et vaut le retour d'une vie ;

Car même si je ne repasserai pas

La façon dont je l'emporte ainsi,

C'est ma tâche pour les autres hommes

Pour ouvrir la voie du retour à la maison.

CHAPITRE ET JOIE

LE CHAGRIN disait qu'il n'y avait pas de joie

A la saison de l'Enfant,

Mais seulement des souvenirs de tristesse

Dans les maisons où les bébés souriaient autrefois.

Joy a dit qu'il n'y avait pas de chagrin,

Mais j'ai trouvé du réconfort dans le contact

De joie que peut-être demain

J'aurais tout autant besoin de notre encouragement.

Le chagrin a dit que les chansons s'éveillent

Échos de notre amour enfoui,

Comme quand les accords silencieux sont ébranlés

Et toujours réactif, prouvez.

Joy a dit que c'était pourtant un étranger

Si nos bébés faisaient Bethléem

Pas plus cher parce que la crèche

Ennuyez Celui qui les a rassemblés.

Grief a dit que les cadeaux mais s'est moqué de nous

Avec les trésors arrachés

Et avec des chaînes nous ont enfermés pour toujours

Dans les tombeaux de la mémoire.

Joy a dit que les cadeaux étaient symboliques

De notre amour et de son domaine,

Sérieux de nos espoirs tacites

L'amour reviendrait.

ESPOIR

J'ai un ESPOIR - il est né d'un esprit

Et des ailes spirituelles à côté ;

C'est comme la lumière sacrée du matin

Quand le Ciel s'ouvre grand.

J'espère comme l'oiseau dont chaque note

La main d'un père aimant

A l'écoute dans sa gorge gonflée

Comme si la chanson était prévue !

Qu'est-ce que c'est sinon le sentiment joyeux

D'amour et d'harmonie ?

Qu'est-ce que c'est sinon la preuve

De la divinité de la vie ?

Cet espoir qui nous rend le plus divin

Et j'aime ce à quoi il s'accroche—

Cet espoir qui fait pencher nos cœurs

Vers des choses plus élevées et plus saintes—

Cet espoir qui signifie la jeunesse éternelle

Et bonté infinie—

Il y a une raison forte comme la vérité

Et logique comme léger.

SEMER ET RÉCOLTER

SEMER dans un autre âge

Peut faire la récolte !

Semez, pour le salaire final

Est en garde

De notre plus divin Maître, qui a déclaré,

« Semez, car celui qui a épargné ne récoltera pas ! »

Récoltez ce qu'un autre âge

Commencer par semer !

Récoltez, pour le salaire le plus élevé

Est dans le savoir

Les fruits sont récoltés et le chant de la récolte

Au semeur et au moissonneur appartient !

IL FAUT ESPÉRER!

ESPÉRER ! Car il n'y a pas d'étoile montante

Quand les ombres rampent dans notre ciel

Plus précieux que ce rayon au loin

Cela tremble pour l'éternité.

Il faut espérer! Ce désir infini

N'est qu'un avant-goût de l'aube

D'un immortel, plus saint et plus haut

Jour de perfection ; donc j'espère !

J'espère, de peur que le cœur ne soit brisé

Par son propre sentiment de désespoir stupide !

Mais laisse plutôt l'âme s'ancrer

Au paradis voilé là-bas

Où la lumière tremble à travers la brume

Et l'espérance devient une foi plus lucide,

Oui, heureuse attente, car voici, le Christ

La vie déploie ses ailes et la mort

Et le doute est terminé ! Alors espérez !

BON CŒUR

BÉNI soit la bonté qui est le fruit spirituel

De révérence comme l'adoration est de crainte,

Jusqu'à ce que la bonté soit à la fois maturation et racine !

Car tout aussi vrai que cela, il attire

Sa substance vient de la divinité, elle doit tirer

Par la même puissance des lois de la nature.

Nous pouvons distribuer le bien que nous n'avons jamais cultivé

Comme ceux qui empruntent ; ou nous pouvons professer

La bonté que nous connaissons mais que nous ne faisons jamais,

Et ainsi revêtez une forme de fécondité ;

Mais ah, c'est stérile et faux

À la dignité, quelle que soit sa tenue extérieure !

Aimer et pratiquer ce qui est bien,

Pour être ce pour quoi nous aimerions être pris,

Mûrir de la racine dont les vrilles s'enroulent

Autour du cœur même dont les courants se déversent

Dans le bien que nous faisons - c'est divin

Et un fruit vivant qui bénit de plus en plus.

PAYS

AMÉRIQUE

DIVISÉ par le vaste océan

D'autres brins chers et brillants,

La merveille du passé

Il avoue que c'est le pays des terres ;

Le refuge des beaux et des courageux

Quand la liberté lui a été refusée;

Chantez avec la vague sauvage et sauvage de l'océan,

« L'Amérique, la vraie ! »

Chère était la bénédiction recherchée par le pèlerin

Au milieu de la forêt sauvage de l'homme rouge,

Et bien sûr aussi, la leçon enseignée

Par cette douce enfant native de la Liberté ;

Qui pourtant, une fois appris, n'oublie plus,

Ô héritier de cette Liberté bien-aimée !

Respire avec l'esprit de ton rivage,

« L'Amérique libre ! »

Ses étoiles et rayures qui flottent fièrement

Tant de cités-États ci-dessus,

Devons-nous oublier qu'ils désignent

L'unité d'un amour commun ?

Doux témoignage pour le patriote

Sur tous tes territoires,

Flottez vers cette pensée inspirante,

« L'Amérique, notre fierté ! »

Et tes veines gonflent toujours plus

Et plus cramoisi ton sang palpitant,

Sois vertu dans tes vastes domaines,

Le Dieu des nations soit ton Dieu !

L'écho de tes jours de forêt

Mêle-toi toujours à ta mer bruyante

Ou attardez-vous dans les louanges du poète,

« L'Amérique libre ! »

L'AUTEL DU PAYS

Ô PAYS de mon autel,

Où brûle la flamme de l'encens

Et une main sacerdotale écarte le voile du Temple :

Ne me laisse jamais faiblir intentionnellement,

Ne me laisse jamais me détourner de toi

Ni la vision du saint n'échoue jamais -

Ô mon pays, jusqu'à ce que j'apprenne

Comment avoir l'intention de ne pas palir,

Que la vision du saint ne pâlisse jamais !

Ô autel de mon Pays,

Scellé par un sacrifice sanglant,

Mais aussi glorieux d'un triomphe vivant,

Puis-je noblement offrir sur toi

Le prix le plus dévoué du devoir,

Ne doutez jamais que ce soit votre dû sacré !

De ton autel laisse-moi me lever

Tout à offrir, ô mon pays,

Ce que je chéris le plus suprême et le plus vrai !

(De « GRAND CŒUR ».)

LES ÉTOILES DU DESTIN

LES étoiles de minuit roulent dans leur course

À travers de vastes étendues d'espace sans trace,

Et chaque soleil lointain est une source

Des mouvements en cours

Hors de portée des yeux ou de la pensée,

Pourtant, cela fait partie du dessein du Ciel

Dans l'ordre infiniment travaillé

Par majesté divine.

Nous ne pouvons pas connaître le plan parfait

Dans un tel univers,

Ni quel est son horoscope pour l'homme,

Que ce soit pour le meilleur ou pour le pire ;

Assez, la même loi régit les étoiles

Et les destins humains,

Et mec, le futur fait ou mars

Comme il les observe;

Comme il tire la leçon du passé

S'applique aux problèmes nouveaux,

Et fait des prévisions d'expérience

Le destin qui se réalise

Parce que c'est la VÉRITÉ et qu'elle bouge

Bien que souvent dans des cours étranges,

Et comme le prouve le temps éternel,

Les étoiles qui ne changent jamais.

―――――――――――――――

DERNIER DE LA GRANDE ARMÉE

LES VOILÀ QUI arrivent d'un pas faible,

Là, ils viennent avec un rang amoindri,

Et pourtant pathétique avec l'air martial

Et ancienne discipline du champ et du camp !

Là, ils viennent avec un tube sonore,

Là, ils arrivent avec un bruit d'armure ;

Le défilé des uniformes gradateurs chaque année

Et l'enseigne affiche : Clochard ! Clochard! Clochard!

Ainsi ils passent en corps brisés,

Ainsi ils passent en troupe montée,

De l'autre côté de la place, dans la fière revue de Valor,

Sous l'arc de triomphe vert du vainqueur ;

Des têtes avec de nombreux givres d'hiver,

Les épaules droites sont maintenant baissées ;

Leur nombre autrefois impérial est devenu si petit,

Mais courageusement, en avant : mars ! Mars! Mars!

Beaucoup de places vacantes de soldats,

De nombreux postes vides d'officiers,

Et de nombreux vétérans aussi, avec un zèle touchant

Pour réparer les pertes en boitillant;

De nombreux visages cicatrisés et figurés,

Beaucoup de membres malchanceux ont perdu

Avec une éloquence silencieuse, le conte révèle

Des batailles désespérées – On ! Sur! Sur!

Par les grands monuments de Gratitude,

Par les tombes des cimetières privés

Où les couronnes de fleurs des mains aimantes restent muettes

Sur chaque tombe honorée pour la vue de Memory ;

Inclinant la tête en signe de respect,

Marchant lentement avec des tambours étouffés,

Avec des yeux embués de larmes et un salut douloureux

Et une norme abaissée : c'est vrai ! Gauche! Droite!

Chaque pas du passé,

Chaque écoulement annuel,

Les cœurs silencieux et les années silencieuses ne sont plus,

Demi-écho, mélangez-vous à cette marche fantomatique

Et semblent gonfler le vaste rassemblement

Et semble dire à pas creux,

De toute cette puissante avant-garde disparue auparavant

À cette petite arrière-garde : Morte ! Mort! Mort!

Encore quelques années à bivouaquer ici,

Encore quelques années de sépulture

Dans une tranchée ou un donjon, une tombe ou un gémissement profond,

Encore quelques années de la douce nuit endormie de la mort

Jusqu'à ce que tout cet hôte spectral apparaisse

Devant le trône trône

Dont le réveil les tirera de leur sommeil

La critique du Ciel : c'est vrai ! Gauche! Droite!

Pas de canon tiré, d'armes mortelles,

Pas de trophée d'un ennemi tombé,

Jusqu'à ce que Dieu définisse le conquérant le plus digne ;

Celui qui a vaincu la mort et vaincu le doute

Et j'ai fait face à mille alarmes

Jusqu'à ce que la vie repose fermement sur son front

Ou fait écho à travers l'heureux Evermore,

Vous, foule de vainqueurs : criez ! Crier! Crier!

VINCIT OMNIA JUS

AVEC un pied sur le rocher du droit déjà gagné

Et celui qui est sur le rocher de la foi, aucun droit ne peut être défait,

Je me tiens d'une voix prophétique pour dire qu'actuellement de ces

à droite, pic par pic, s'élèvera majestueusement dans les imposantes
Pyrénées.

La Liberté que nous connaissons et aimons passionnément

Béniront les vignes loin en bas qui boivent les neiges en haut ;

Et dans le froncement de sourcils gardien des hauteurs de la Liberté

Je penserai que c'est Dieu qui descend pour tonner pour la droite.

Depuis le socle granitique où il faut lutter pour

Pour planter fermement chaque cause sacrée, nous élevons la montagne au-
dessus,

L'éclair des cieux orageux éclatera au-dessus de chaque sommet,

Nous assurant que lorsque l'homme défie l'oppression, Dieu parle.

Et si d'un rocher à pic un héros d'avant-garde tombait

Pendant que le lâche est à la traîne, celui qui préfère être un esclave,

Nous placerons une croix sur la falaise d'où il est tombé

Et par-dessus une couronne de vainqueur de l'immortelle de la Liberté.

Mais mieux encore, nous grimperons inspirés par son destin

Vers des hauteurs de liberté sublimes, inaccessibles par la haine du tyran ;

Et la droite regardera enfin du sommet de la montagne à la terre

Dans une humanité heureuse plus vaste, dans un destin plus grand !

LE CRIC VOLANT

LE ciel était bleu et souriant

Sur une mer humaine ;

Old Glory flottait, dansait et brillait

Dans une joie multicolore.

Une joyeuse brise est passée en riant

Les plis rieurs de la soie

Jusqu'au rouge, blanc et bleu

C'étaient des sylphes aux dents de lait.

Mais pas pour eux, les yeux ravis

Des foules criantes étaient brillantes,

Qui est venu saluer avec des éloges et des prix

Le héros s'est ailé pour s'envoler.

"Le premier à voler", disait le défi,

"Gagnera la couronne et la coupe."

Il a déployé ses pignons et sa tête

Une hauteur vertigineuse monta.

"Bravo! Bravo!" ils ont crié comme

Il descendit en spirale ;

Puis se précipita vers lui en masse

Et il l'a couronné de la couronne.

Il sourit et dans ses yeux bleus

Et sur ses joues rouges

Quelque chose de noble est venu voir

Tout aussi galamment, il dit :

"La coupe que je garderai, la couronne que je placerai

Où il appartient de droit ;

Le premier à voler, ma main sera honorée

Et vous acclamez en langues.»

Alors disant vers son navire, il s'avança

Et remets les voiles,

Puis dans un cercle ascendant balayé

Avec un visage et un avion ensoleillés.

Ils se demandaient quand ils l'avaient vu se lever

Vers le staff streamé

Jusqu'à ce qu'il en effleure le milieu trois fois

Et je l'ai effacé en riant ;

Jusqu'au dessus de sa boule dorée

Il s'est stabilisé et de haut

Le trophée lancé devant eux tous

Avec une main et un œil exercés.

Sur la tête d'Old Glory la couronne

C'est devenu vrai et avec ça est tombé

Les paroles de l'aviateur à ceux qui se trouvent en dessous

Qui n'avait besoin que de leur sort :

« Le premier à voler au-dessus de nos terres

Sur des ailes qui ne traînent jamais
Je couronne d'une main patriotique,
Le drapeau étoilé de notre pays !

- 65 -

Et puis il a ôté sa casquette et voilà,
Un costume de Jackie qu'il portait
Tout en tournant encore, il s'écria : « Oho,
J'ai volé en paix et en guerre !

Je me suis frotté les yeux et tout s'est enfui
Sauf les plis soyeux
De la gloire flottant au-dessus
Un marin-boy qui tient.

HUMOUR

L'A-BILIN' DE SAP

DANS le pays où ils exploitent

Les érables au printemps,

Il se passe quelque chose sur la carte

Quand mars est sur l'aile.

Les barils et les seaux débordent,

Le sourire du fermier occupé,

Le feu crépitant contribue au plaisir ;

Car la sève est a-bilin'.

Dans le pays où ils sont tous

J'ai vécu cent ans

Et j'ai entendu l'appel du rendez-vous

Alors que dimanche tempête ou se dégage,

Le thermomètre monte quand

Pour les ennuis, les gens se précipitent ;

Jusqu'à ce que quelqu'un allume la bouilloire, alors

La sève est bilingue.

Attends juste un peu, ne le laisse pas brûler

En étant trop intense !

L'homme qui rage doit d'abord apprendre

Un peu de bon sens.

C'est du sucre que nous bilinons, attention,

Ce n'est pas la nature humaine qui s'énerve ;

Alors je plaisante, reviens à la douceur

Quand la sève est bilingue !

JUSTE DE LA BOUE

C'EST QUOI ce truc live que tu appelles un garçon

Juste au stade plastique

Et assez débordant de joie

De l'âge non façonné de la jeunesse ?

Qu'est-ce que c'est que de donner forme

Du limbe ou du bourgeon précoce

Ou des fruits avec de la vie ou des couleurs chaudes ?

Pourquoi dire, juste de la boue !

Quel est le rendement doré de la récolte de l'été

Qui mûrit en grain,

La floraison du verger, du bois ou du champ

Si débordant de gain ?

Qu'est-ce que c'est qui arrive en troupe avec la grâce

De l'homme et de la femme

De la boue d'hier ?

Pourquoi dire, juste de la boue !

Qu'y a-t-il là-haut, cette statue

Par un noble édifice,

Que les passants voient souvent

Oublie que l'immortel est

De l'acte vivant et de l'art vivant

(Maintenant argile, autrefois chair et sang)

Les deux ont grandi à partir d'un modeste début ?

Pourquoi dire, juste de la boue !

FRAPPANT ROND

C'EST DRÔLE comme certains hommes grandissent

Je frappe en rond—

Boire dans la coupe de la fortune

Surmené

Avec le lierre du Japon

Ou un sud-américain

Complot révolutionnaire—

Je reviens quoi qu'il arrive,

Je frappe en rond.

Après avoir vu la moitié du monde,

Je frappe en rond

Sous chaque drapeau déployé

Sain et sauf-

De retour à la maison après avoir grimpé les Alpes,

Raisin' scalps philippins,

Je pêche dans un tarn écossais...

Vous le trouverez à la grange

Je frappe en rond.

Tous les sourires des yeux de la Belle

Je frappe en rond

Sous le ciel italien

Ou renommé

La terre natale des charmes d'Erin

Disparaître comme dans ses bras

Rougit, c'est juste la même vieille fille

Des mèches duquel il gardait une boucle,

Je frappe en rond.

<hr>

L'ESCARGOT ET L'ÉTOILE

un HUMBLE escargot est sorti de sa coquille

Boire la rosée et se gaver de jeunes pousses ;

Comment se fait-il qu'il soit de nature sage alors qu'il est si léger

Un faible parmi ceux-ci dépasse les moyens de la sagesse.

Mais alors qu'il avançait, une étoile clignotante

Sa locomotion moquée et sa bizarrerie—

« Jusqu'où, ô gastéropode pygmée, jusqu'où

Penses-tu que cela vienne de toi et de moi ?

"Et au rythme du voyage tu rampes

Combien de temps faudrait-il pour parcourir la distance ?

Pourtant, je traverse son immensité tous les soirs

Pendant que vous faites un maigre progrès.

"Je suis peut-être lent", répondit l'escargot,

« Mais alors je ne fais pas semblant, peu importe comment vous plaisantez ;

Tu ne bouges pas du tout sauf ton œil

Et maintenant que je perçois ton esprit agile.

« Sans aucun doute, nous magnifions tous les deux notre mission ;

Vous donnez au monde la joie du feu astral

Alors que d'une position plus basse, je

Un proverbe pour son ridicule inspire,—

« Un proverbe qui, bien que je sois le vieux cul,

Pourtant, l'escargot humain est aussi un synonyme,

Et cela l'émeut souvent davantage de la vie pour le mettre

En service; alors pourquoi tant de bruit ?

La star n'a pas eu de réplique, alors elle a sauvé la face

Par prompte amende : « Mon frère, vous avez raison ;

Nous remplissons tous les deux la place qui nous est assignée

Pour donner une leçon au monde. Donc bonne nuit!"

LE VIEUX SOR'L HOSS

LE vieux monsieur boitait dans l'allée

Et des pleurnichards pour son avoine ;

Mais il ne travaillera plus jamais

'À l'exception du lait qu'il apporte

Vers la station d'écrémage en bas de la route

Pour faire le tri, faire croire

Il transporte une charge honnête

Et gagner son sursis.

Bien sûr, cela a été payé il y a longtemps

Si vingt années fidèles

Peut obliger le maître d'une créature à devoir

Revenez pour ce qu'il efface

Par charrue et moissonneuse, support chargé,

Et une abeille qui souche une bûche,

Pourtant, il rend la bête de somme

Souvent peu d'humanité.

Car quand les jints du vieux monsieur Hoss

Se raidir avec le travail et l'âge,

Il y a beaucoup d'hommes avec des pintes de mousquet

Sa mort et garde son salaire ;

Mais pas cette pute à la crinière d'oseille

Et le manteau que chaque matin

Vient en boitant dans la voie broussailleuse

Et pleurnichard pour son maïs.

NICODEMUS BOGGS

NICODÈME BOGGS a été nommé

Par des tantes amoureuses des Écritures,

Mais jamais pour cette vertu célèbre

Est-ce que Demus... jusqu'à ce que par hasard

Son esprit était tourné vers le choix de l'Église,

Et puis une nuit solennelle

Il a entendu une voix d'un autre monde

Ce qui lui a fait peur

Appel

———« Nicodème ! Nico-de-mus !

Nic-o-de-mus Boggs ! »

Même s'il y avait des gens blasphématoires

Qui a dit que ce n'était que des grenouilles ?

Quoi qu'il en soit,

Pour Démus, c'était un signe ;

Alors aussitôt il commença à prier

Et parler de choses divines.

Bien sûr, il lui a été donné de savoir

Sans un esprit étudié ;

Sa langue était déliée et le flux

Des mots laissés pour compte.

Pourtant, il est étrange de dire qu'aucune église n'a été déplacée

Sa paroisse à devenir,

Bien que Demus ait dit que cela prouvait seulement

L'Église était sourde et muette.

Car certainement l'appel était clair,

Comme souvent à moitié endormi

Il entendit à nouveau la même voix

Dans des tons solennels et profonds

Exhorter

————« Nicodème ! Nic-o-de-mus !

Nic-o-de-mus-s Bog-gs ! »

Même s'il y avait des gens blasphématoires

Qui a dit que ce n'était que des grenouilles.

Quoi qu'il en soit, comme chacun l'a exprimé, c'est sûr

Avec Demus, ça a vite tourné

La fièvre, et le seul remède

Pour la chair gelée ou brûlée,

Le médecin a ordonné de drainer

Le creux à l'arrière

Où Demus vivait ; pendant un moment en vain

Il a suivi sa carrière

Du bien-être humain, il y avait là

Le plus négligé à proximité.

"C'était corrigé et plus jamais

Nicodème a-t-il entendu

La voix devenue si célèbre

Pour les croassements et les grenouilles de porte arrière

Appel

———« Nicodème ! Nic-o-de-mus !

Nic-o-de-mus-s Bog-gs ! »

- 73 -

SACRÉ

QU'EST-CE QUE LA FOI ?

LA FOI n'est pas une faiblesse, de toute façon

Il lui faut du courage pour sa tâche,

Mais la force dont la confiance pour oser

Est-ce que cela l'humilie de demander

Une aide supérieure, une parole supérieure

Pour le soulever, offrez-lui confiance et essayez,

Assuré que sa prière désintéressée est entendue,

Sa tâche sous l'œil d'un Maître.

La foi est le raisonnement du cœur

Vers le Cœur-de-Cœur qui bat

À l'unisson avec chaque partie

De tout cela, il vivifie et complète ;

Et avec un sentiment d'amour et de projet

Ne voit que le bien de la vérité et du bien,

Faux comme le seul mal qui puisse

Battez le design et éteignez la lumière.

La foi est la porte fortifiée

Ce qui nous enferme, nos terreurs dehors,

Grâce à quoi nous parvenons à vaincre le destin

Ou fuyez pour vous réfugier devant nos doutes ;

La foi sonne de la trompette, occupe la tour,

Inspire l'espoir, croit au paradis

Et fait confiance au pouvoir dominant

Prendre soin de ce que sa volonté a donné.

La foi est le séjour de celui qui porte des fardeaux,

Le fidèle bâton du pèlerin endoloris,

La panoplie martiale du vainqueur,

La plus noble épitaphe du martyr.

La foi est l'œil intérieur de la vision

Dont l'élève est l'âme voyante,

Son iris est le reflet du ciel,

C'est le but de l'Esprit à longue perspective.

UN PARDON

Un PÈLERIN depuis longtemps pieux est enfin arrivé

Devant la Porte du Paradis, et jetez

Son état-major s'écarte triomphalement pour appuyer

Dans le but rêvé. Mais c'est étrange à dire,

Cela ne s'est pas ouvert à son empressement

En frappant, il demanda son chemin.

"Non," dit l'Ange Gardien de la Porte,

«J'attends la preuve de ton assurance,

Le sésame et le mot le plus céleste

Ça passe ici ! Tu auras trois épreuves,

Et si tu ne l'as pas trouvé au troisième

Tu ne peux désirer aucun privilège pour entrer.

Alors bien sûr, le pèlerin était le plus vrai, n'est-ce pas ?

Doit être celui de la puissance évangélique

Il a rapidement répondu « AMOUR ! »

L'aile de l'Ange

Abaissé sur son visage alors qu'il répondait,

"Non, un tel plaidoyer pourrait être apporté par n'importe quel pécheur

Comme tout saint dont le zèle est indéniable.

"Ne peux-tu pas encore te rapprocher du nom

De la plus grande clé de Dieu ?

Le pèlerin laisse

Ses pensées s'expriment dans une seconde quête

Et il répondit lentement : "Eh bien, alors, c'est GRACE ,

L'alliance et le sceau de tous les autres,

La chaîne dont le verrou est l'Amour.

Le visage de l'Ange

Était toujours compatissant alors qu'il retenait

L'entrée, et sa pitié aurait épelé

Le mot de passe dans ses yeux alors qu'il recommence

Il a répondu : « La grâce est vraiment tout notre espoir

En promesse et en accomplissement, mais c'est à ce moment-là

Nous mettons à cœur la porte que nous ouvrons

Et notre aveu plaide très divinement ;

Car personne ne peut penser le mot mais en ressent le besoin

Et un toucher guérisseur.

Le front du pèlerin devint triste,

Mais alors qu'il réfléchissait, il tomba à genoux

Et il se leva comme souvent auparavant, émerveillé et heureux :

" LE PARDON !"

L'Ange répondit : "Eh bien !"

Et s'écarta pour le laisser passer.

LE BON SAMARITAIN

LE Bon Samaritain était-il

Qui avait de la compassion pas seul

Humainement mais divinement. Nous

Il faut regarder au-delà du guérisseur – voir

Le Sauveur compatissant – sois

Pardonné, élevé et montré

Le cœur de l'Amour et dans le nôtre

Commencez à ressentir de la sympathie

Qui de son humanité était né

Aux actes d'une telle divinité.

Comme c'est peu de servir

À une pauvre âme à moins que nous nous sentions

La touchante fraternité du soin,

Le sentiment à quel point il est facile de se tromper,

Tomber, avoir besoin de la prière d'un autre,

L'aide d'un autre ! Mais quand on s'agenouille

Notre camaraderie doit être réelle

Assez pour que nous puissions nous lever et partager

Le fardeau de notre propre appel

Et aide-nous à porter la croix de notre frère.

C'est le bon Samaritain

Qui aime assez pour ne jamais se tromper,

Pour toujours redresser un frère,

Pour panser ses blessures et façonner le plan

De la vie avec douceur pour qu'il puisse

Son voisin l'encourage également.

Béni soit le fort miséricordieux !

Béni soit l'homme au cœur humain

Qui n'a jamais éteint une chanson vivante !

Car il est le Samaritain de Dieu.

BERGER D'ISRAËL

BERGER d'Israël, écoute

L'appel de ton troupeau,

Et quand nous cherchons, sois près

Pour nous conduire au Rocher

Où nous sommes pleins et abrités

A midi peut se reposer

Ou trouver la sécurité la nuit

De la part de tous nos ennemis qui nous guettent !

Aide-nous à faire confiance à tes soins

Par des chemins verts ou arides

Et exprimez nos doutes et nos peurs dans la prière,

Notre bénédiction en louange !

Si des épines guettent notre chemin,

Pour sentir que tu nous conduis

Est-ce une douce assurance que la bonté a

Un but amoureux donc.

Guide-nous par les ruisseaux vivants

Cette élévation de la hauteur des montagnes

Et là où les rayons célestes de la sagesse

Nos esprits baignent dans la lumière !

Conduis-nous vers des niveaux élevés,

Aux visions riches et larges,

Aux sommets qui touchent le ciel

Et aide-nous à te connaître, Dieu !

L'ÉCHELLE DE NUAGE

IL Y A une belle échelle de nuages finement filés

Cela s'étend de la terre au ciel

Et de haut en bas, la foule des anges

Avec appel et réponse douce :—

AMRAËL

Enfants des hommes, qui ne sont que de vue

Sachez que les étoiles existent,

Il y en avait un qui brillait sur le monde la nuit dernière

À travers une auréole de brume.

MICHAËL

Ils ne l'ont vu que ceux qui l'avaient gardé

La veillée des voyants

Avec sens intérieur ; mais toi qui as dormi

Je ne connaissais pas le signe des années.

URIEL

L'esprit de la vie est devenu une star

Et nous, le héraut-hôte ;

Et nous avons chanté pendant que les Rois Mages regardaient au loin

Et les bergers célestes ;

HÔTE

Joie au monde! Car voilà, est né
L'enfant-cadeau ! Écho activé
Et sur la chanson éternelle du matin,
Pourtant tremblant jusqu'à l'aube !

S'abstenir

Joie aux cœurs purs ! Pour toi
Seul je connais la valeur
Et le sens du Cadeau, qui s'inclinent
Avant la naissance vierge.

Refrain

Saluons tous le cadeau de Madonna
C'est cela que la terre élèvera vers le ciel !
Salut à tous ! Réjouir!

Quel adoucissement de voix d'ange
Et la lumière et le sens de l'écoute
Je suis tombé silencieux sur le dernier « Réjouis-toi,
Madone-révérence !

Les ailes nacrées que l'hôte enveloppe,
Les voix s'estompent,
Et la belle échelle de nuages finement filés
Devient la Porte du Jour.

LE CHRIST RESSUSCITÉ SIGNIFIE LA VICTOIRE

ALLEZ-Y et saluez le Conquérant

Avec des fleurs et des psaumes sacrés !

Le triomphe que nous observons est plus

Que celui des palmiers martiaux ;

Pour voilà ! voilà qui sort du tombeau

Le Seigneur de la vie et de la vie à venir,

Aux pieds de qui fleurissent les lis ;

Le Christ ressuscité signifie la victoire.

Allez de l'avant et sur son front vivant

Enlacez une couronne de laurier ;

Car jamais n'a été aussi génial qu'aujourd'hui

La gloire de sa mort !

La Croix et le Sépulcre avaient été

La tragédie la plus accablante du monde

Mais pour la malédiction vaincue du péché ;

Le Christ ressuscité signifie la victoire.

Partez avec le précieux onguent de

Affection à tes morts,

Avec l'amour joyeux et croyant de Pâques

Que Celui qui a saigné pour nous,

Qui a dormi et s'est relevé, est fort

Pour rouler la pierre de la corruption.

Et lâchez le chant de la résurrection ;

Le Christ ressuscité signifie victoire !

LES BRAS ÉTERNELLES

QUAND des ombres sombres arrivent dans notre vie,

Croix sévères, soins sacrificiels

Et d'autres préjudices temporels imaginaires,

Il y a un refuge éternel contre

Nos doutes et peurs terrifiants

Dans les bras éternels.

Quand les tentations de notre âme balayent

Et la bonté perd la moitié de sa grâce

Comme le péché nous poursuit de ses charmes,

Il n'y a plus de refuge à garder

Mais la cachette éternelle

Dans les bras éternels.

Quand à travers la vallée sombre et morne

On marche ou on voit un autre lavabo

Et la mort nous envahit d'alarmes,

Soyez donc, Refuge éternel, près

Pour nous maintenir au bord du gouffre

Dans les bras éternels !

IL DONNE SON SOMMEIL BIEN-AIMÉ

LA tâche est accomplie, le soleil est couché,

Les ombres du soir tombent rapidement,

Le cours est suivi et tarde encore

La seule gloire de la course ;

Mais avant le guerdon du labeur

L'âme éphémère se lèvera pour récolter,

Dieu le fait se reposer un moment -

Il donne le sommeil à son bien-aimé.

Et même si les yeux sont fermés dans la mort,

Les mains fatiguées sont jointes maintenant ?

La vie naîtra, dit la foi vivante.

Et le ministère devin grandit.

Ce n'est que le silence avant le jour :

Le Père demande à ses anges de garder

Le trésor que nous gardons—

Il donne le sommeil à son bien-aimé.

Mais pas, oh pas pour toujours

La mort enveloppe-t-elle nos silencieux ?

Nous ne savons pas ce qui nous transfigure,

Quel miracle de soleils vivifiants...

Mais nous attendons leurs ailes curatives,

Leur éclair vivant, balayage séraphique,

La gloire du Roi des Rois

Qui donne le sommeil à son bien-aimé.

LA GLOIRE DEMEURE

OH , la gloire dont nous rêvons

Tremblant pour Bethléem !

Mages suivant le rayon de

Prophétie étoilée à eux !

Des bergers surpris par la lueur de

Lumière céleste et hymne angélique !

Le temps a rendu la vision sainte,

Mais je sais que la gloire habite

Pas uniquement dans le village-manger,

Ni dans le rêve que raconte le prophète,

Mais partout où il y a un humble

Cœur d'enfant, là la gloire enfle.

Fierté de la terre et pompe du pouvoir

Éblouissez avec leur spectacle de guirlandes ;

Mais comparé à la dot de Dieu

Ils ne sont que des reflets qui brillent.

La fierté ne dure qu'une heure,

La bonté grandit pour la gloire.

LA LUMIÈRE DE LA VIE

Ô LUMIÈRE de la Vie, brille

Dans mon âme comme le soleil du jour

Dans le monde pour avoir vu avec mes yeux !

Révèle le bien et le mal - apprends-moi comment

Ne pas trébucher mais suivre le chemin vivant

Cela remplit la terre de la gloire du ciel !

Qu'il y ait des vivifications d'esprit

Cela fait frémir l'être de réactivité

De peur que la vision ne soit humaine et sans inspiration !

Ah, fais-le palpiter jusqu'à ce que la vision jaillisse

Nature ointe pour exprimer dans la vie

La Grâce qui fait désirer le Céleste !

CONCEPTION

L' univers des sphères roulantes

N'est-ce pas pour l'affichage de la Divinité

Mais dans un but qui semble

Dans son harmonie divine.

Sa masse qui, en élan, balaie,

Son énergie des éléments,

L'ordre que son système maintient

Sont des aspects de toute-puissance ;

Et la puissance fonctionne avec une telle conception

Est-ce une preuve de présence partout

Intelligent, suprême, divin,

Tant en termes de création que de soins.

Car dans sa surveillance des mondes

Il-Sur-Tout se manifeste

Une puissance plus grande que celle qui tourbillonne

Eux en route à sa demande,

Un objectif plus grand que de s'étendre

Les cieux sont illuminés par sa gloire ;

Car c'est le plan le plus éternel

De rendre toute la création adaptée

Pour la communion avec le Dieu de la Nature

En termes supérieurs de sagesse, la vérité

Et l'amour est doté d'une volonté parfaite,

Dont les mondes ne sont que la preuve.

Toi, Âme Suprême, qui es l'Esprit

Et l'hôte étoile le plus puissant, la vague et le vent,

Apprends-nous ta majesté à cœur

Et sentez-vous dans la musique un esprit parfait !

CHANSON

ESPOIR EN OR

Il n'y a rien au monde d'aussi doux

Comme l'espoir qui ne meurt jamais,

Qu'un jour, quelque part, nous nous rencontrerons

Dans un amour plus joyeux au-delà des cieux—

Oh, au-delà des cieux si dorés,

Avec l'espoir du ciel ancien;

Car il n'y a rien au monde d'aussi doux

Comme les anciens, l'espoir doré de se retrouver !

Il n'y a rien au monde d'aussi flottant

Comme l'espoir qui s'envole toujours, toujours

Rapidement en avant, vers le siège

D'un amour parfait au-delà des cieux—

Oh, au-delà des cieux si brillants,

Avec l'espoir du Ciel grandissant;

Car il n'y a rien au monde d'aussi doux

Comme l'espoir brillant et grandissant de se revoir !

Il n'y a rien d'aussi génial au monde

Comme l'espoir qui nous pousse nous aide à nous élever

Avec des mains et des pieds plus réactifs,

Avec des langues plus joyeuses et des yeux plus clairs—

Oh, sur les cieux si dorés,

Avec l'espoir du ciel ancien;

Car il n'y a rien au monde d'aussi doux

Comme les anciens, l'espoir doré de se retrouver !

LE COURONNEMENT À VENIR

QUAND les chars de la gloire

Viens clignotant de l'est

Le jour de l'Avent-histoire,

Le couronnement du Christ ;

Quand les nuages sont montés sur des séraphins

Et rayonnant d'aile

Avec des hôtes d'anges innombrables,

Et les cieux sonnent avec ravissement—

Mon âme, seras-tu intrépide

Rencontrer la venue du roi ?

Quand la terre la vision bénie

Les yeux levés, voici

Et ressent la transition rapide

De la gloire qui enveloppe ;

Quand du ciel descend

Les armées du Ciel apportent

Le Royaume sans fin

Dont tous les peuples chantent :

Ô Esprit, veux-tu mélanger

Saluer la venue du roi ?

Quand les trônes sont dressés pour la miséricorde

Et j'aime exercer le ministère

Aux nus, malades et assoiffés

Et tous ceux qui s'évanouissent ou se trompent ;

Quand le Seigneur de gloire règne

Et les encensoirs en chœur se balancent

Avec les louanges que Dieu ordonne
Alors que les cieux flottent leurs bannières -
Ô âme, couronne qui gagne,
Couronnez et intronisez le Roi !

LA COUPE VIVANTE

RASSEMBLEZ toute la beauté et les richesses du monde,
Le rougissement des fleurs et le rougissement de l'amant,
Les trésors d'or et de perles ;
Mais tu n'auras jamais assez pour résumer
La richesse et le trésor
Comme la bénédiction de boire de
La coupe de l'eau vive.

Rassemblez toute la musique et les sources de l'amour,
Le désir du cœur, le feu de l'encensoir
Et l'hôte étoilé ci-dessus ;
Mais tu n'auras jamais assez pour résumer
L'âme de la joie se lève
Comme la bénédiction de boire de
La coupe de l'eau vive.

Rassemblez toutes les gloires et les triomphes de tous les temps,
De la fierté des temples et des royaumes à l'échelle
Et la grâce et l'art sublimes ;
Mais tu n'auras jamais assez pour résumer
La joie du ciel

Comme la bénédiction de boire de

La coupe de l'eau vive.

LES CHANTEURS

OH , le chant de l'âme que nous cherchons depuis toujours,

Dans les âges passés et à venir,

Mais qu'en est-il des voix dont l'effort le plus noble

Doit-il le soulever aussi haut que la hauteur d'où il se trouve ?

Car le chant doit monter sur les ailes de l'Esprit

Et du cœur qui s'enflamme d'amour

Avant que tout le monde ne l'écoute,

Devant les sens du monde, il tremble au-dessus.

Oh, le chant de l'âme que nous avons cherché partout

Il y a de la beauté ou du soleil, de la gloire ou de la joie ;

Mais qu'en est-il des voix dont les louanges doivent se rassembler

Les échos qui fondent avec les lèvres qu'ils emploient ?

Car les notes doivent jaillir des âmes qu'elles éveillent

Et du cœur ils s'enflamment d'amour

Avant que le monde entier ne soit ébranlé par leur douceur,

Devant la vie du monde, ils triomphent en haut.

Oh, le chant de l'âme que nous avons cherché comme trésor

Partout où se trouvent des royaumes, des joyaux ou de l'or ;

Mais que dire des voix dont la mesure céleste

La richesse du trésor le plus riche du monde doit-elle contenir ?

Car la chanson doit naître de la plus grande passion du monde

Et d'un cœur allumé par l'amour

Avant tout le monde, sa puissance peut façonner

Pour une gloire comme celle du Maître d'en haut.

LA COURONNE D'ÉPINES

Ô COURONNE d'épines sur le front

De Lui, ils l'ont cloué au Calvaire,

Tu étais l'enroulement et la piqûre du serpent,

Le sceau du péché et de l'agonie.

Refrain

Car où est le chagrin et la pensée de nous

Le front du Sauveur avait porté,

Ils ont mis le MOQUERIE *de la Croix,*

La couronne d'épine, la couronne d'épine .

Ô couronne d'épines, dont la souffrance

Le Sauveur du monde a enduré,

C'est ainsi qu'il guérit la piqûre du serpent,

L'esprit maléfique de la nature a été guéri.

Refrain

Car où est le chagrin et la pensée de nous

Le front du Sauveur avait porté,

Ils ont mis le CHAGRIN *de la Croix,*

La couronne d'épines, la couronne d'épines.

Ô couronne d'épines, dont les blessures sont devenues

Racheter les cicatrices de la victoire,

La gloire là où était autrefois la honte—

Que le diadème du Ciel soit !

Car où est le chagrin et la pensée de nous
Le front du Sauveur avait porté,
Ils ont mis le TRIOMPHE *de la Croix,*
La couronne d'épine, la couronne d'épine .

CHANSON LE LONG

j'ai CHANTÉ une vieille chanson pendant que je travaillais...

Qu'importe moi qui souriais,

Qu'importe, moi qui fronçai les sourcils ?

Tant que ma chanson donnait l'impression que la tâche était un jeu,

Qu'importe, combien étaient liés au plaisir ?

Je ne les ai pas écoutés à moins qu'eux aussi

Nous chantions une chanson qui tombait heureusement au travail,

Et puis nous sommes allés chanter ensemble.

J'ai courtisé mon amour quand nous étions rêveurs—

Qu'importe moi qui riais

Qu'importe, moi qui soupirais ?

Tant que mon amour était le monde pour moi,

Qu'est-ce qui m'importait pour les autres dans le monde entier ?

Je ne les ai pas écoutés à moins qu'eux aussi

Nous rêvions du même sortilège d'amour,

Et puis nous sommes allés rêver ensemble.

Alors j'ai travaillé avec une chanson d'amour pour me remonter le moral...

Qu'importe, moi qui détestais

À la fois travail et joie ?

Tant que mes proches me seraient chers,

Qu'importe la façon dont les autres fabriquaient un alliage d'amour ?

Je ne les ai pas écoutés à moins qu'eux aussi

Faisaient partie du chant que les chérubins entonnent,

Et puis nous sommes allés chanter ensemble.

ECCE HOMO!

SUR la Croix, je le vois cloué,

L'homme de Nazareth;

Son front est percé, Son visage pâlit

Avec les souffrances de la mort.

Autour de Lui rassemblent ceux qui détestent

Et ceux qui l'aiment le plus

Pour observer son destin désigné par le péché

Avec chagrin ou vantardise impitoyable ;

Et tandis que son visage suppliant je scanne

Toute l'histoire crie : « Voici l'homme ! »

Je vois ses mains et ses pieds blessés,

La fontaine de son côté ;

Ô Calvaire, ô Calvaire,

Voici le Crucifié !

Pourtant, les épines cruelles ne sont pas les pires

Ni le sang d'angoisse versé,

Mais celui qui est sans péché est maudit

Pour toute la culpabilité de la race ;

Et tandis que son visage suppliant je scanne

Toute l'histoire crie : « Voici l'homme ! »

Pourtant, alors que je suis gâché par son visage

Avec un regard de culpabilité et de chagrin

Ça change de la beauté cicatrisée

Au visage le plus merveilleux du temps.

Une gloire comme le ciel se brise

Sur la couronne d'épines

Et chaque trait torturé prend

Un amour par passion né;

Car pendant que je scanne son visage suppliant

Toute l'histoire crie : « Voici l'homme ! »

L'AMOUR QUI LAVE SES PIEDS

ELLE est venue comme au souper le Seigneur s'est couché,

Elle est venue avec un but doux ;

Pas du genre de l'hôte ou du serviteur

Retenu de lui à la nourriture;

Car elle est venue lui laver les pieds.

Elle les a arrosés de larmes de chagrin,

Elle les essuya avec ses cheveux,

Elle les a embrassés jusqu'à ce qu'elle trouve du soulagement

Et des mots de pardon là

Alors qu'elle s'agenouillait pour lui laver les pieds.

Elle aimait le plus parce qu'elle savait

Un pardon si grand ;

Elle aimait et rien d'autre ne pouvait faire

Pour prouver son amour complet

Mais pour laver les pieds de son Sauveur.

Elle ne possédait pas de bonne cuve,

Pas de parfum coûteux à apporter ;

Mais son service était le plus fidèle montré

Dont la foi le monde chantera

Comme l'amour qui lui a lavé les pieds.

O pécheur, le présent du Sauveur est toujours

À côté du siège de Compassion

Pour pardonner à qui veut

La confiance de la femme se répète

Et embrasse les pieds du Sauveur !

Que les larmes contrites soient un appel à la miséricorde

Et j'adore sa passion presse

Aux pieds du ministère

Qui est venu pour sauver et bénir

Les mains qui serrent ses pieds !

DIVERS

LA MAIN FERMÉE ET OUVERTE
LE POING

J'ai FERMÉ les yeux et je les ai ouverts,

Et pendant qu'ils étaient fermés, j'ai vu

Toutes les choses effrayantes qui arrivent aux hommes

Au nom de la cause et de la loi.

J'ai vu le labeur et le travail torturés

Comme le coût du pain et de la naissance ;

J'ai vu l'écheveau du destin se défaire

Autour de la terre impuissante ;

Un million qui avait noblement lutté

Descendez vers une sombre défaite,

Un million à qui leur sang a donné leur cœur

Rejeté du siège du fier Honor;

L'espoir moqué et les chers idéaux brisés,

La vérité écrasée et crucifiée,

Les fruits de l'amour et du travail dispersés

Et la cupidité sur la bonté monte ;

Je maudis comme une goule le désespoir et le chagrin

Partez à la porte de la course,

Promesse de demain et de demain

Maudire le monde encore plus.

Et comme les hommes étaient brisés et frappés

J'ai vu les ténèbres se profiler

Avec un froncement de sourcils de haine et qui s'épaissit lentement

À une forme spectrale de Doom.

Ombres, tonnerres, chagrins et grossièretés

Rassemblés en une masse plus noire,

Les calamités et les croix de la vie

Enveloppé le minuit de tout l'espace

Dans… Dieu ! Quelle horrible ressemblance

D'un bras et d'un poignet géants

Devenant plus noir encore pour nous frapper

Comme un POING FORMIDABLE ET SERRÉ !

LA MAIN OUVERTE

J'ai fermé les yeux et je les ai ouverts,

Et quand ils furent ouverts, j'ai vu

Toutes les choses heureuses qui arrivent aux hommes

Par une loi plus indulgente.

J'ai vu le ciel souriant se pencher

Au-dessus de la terre fertile,

La beauté et la générosité se mélangent,

Le baiser de la mer sur le rivage ;

L'amour dans le travail et le guerdon

De la maison et de l'idéal forgé,

La bénédiction derrière le fardeau,

La valeur qui fait la richesse ;

La gloire du sacrificiel,

La sainteté et le chant

Du missel bienfaisant de la nature
O'er la souffrance et le mal.

J'ai vu le bien et la grâce des saisons
Illuminé d'un rendement doré,
Et donner mille raisons à la confiance
Dans la fête des fleurs et sur le terrain ;

Jusqu'à ce qu'un plexus brumeux tremble
Dans les airs et anon
Une présence comme de l'Amour ressemblait
Diaphane à l'aube,

Avec des vêtements du matin tout chatoyants,
Pourtant, du charme puissant de qui
De gloriole et de lueur divines
Là s'étendait un Titan ARM .

La terre et le ciel semblaient fusionner
Par des doigts filmeux entrouverts
Et est devenu comme en bénédiction
MAIN puissante et ouverte .

L'HOMME-OISEAU

L' homme-oiseau harnaché sur ses ailes,
Renforce le cœur impatient
Et monté dans l'espace comme ressorts
Un aigle captif une fois relâché
De la durée; mais bien que l'art humain
Pourrait imiter, son génie a cessé

Trop court pour forcer un secret

La maîtrise sauvage et féroce du vol

En spirale s'éloigne, au-dessus

Le summum de la vue le plus vertigineux.

L'homme ne pouvait que suivre comme il l'osait

Avec avion et moteur, chance et courage,

Pourtant, comme un Jupiter qui s'en est sorti avec audace

À travers le firmament suprême ;

O'er vortex avec plongée et embardée,

O'er les abîmes aériens où le cri

Des harpies se moquaient en écho

Aux oreilles trop tendues, mais toujours allumées

O'er aveuglant le Sud et explosant le Nord,

Triomphant ou tête baissée !

Dix mille pieds de haut, dieux,

L'homme essaie des conclusions pour votre royaume

Et joue la vie avec audace

Pour chevaucher au-dessus de la toison semée de tempêtes ;

Un Jason moderne aux commandes

Par sirène attiré comme lui de la Grèce

Au danger désespéré; encore à échouer

Un battement de pouls pour un regard passionnant—

Ah, et bien, les plus audacieux pourraient pâlir

Et choisissez entre gloire et malchance !

Un instant, l'aviaire fut en équilibre,

Puis il s'élança vers la terre comme jamais Jupiter

J'ai descendu le coffre-fort de Superman.

Les ondes de vent rugissaient et les nuages s'enfuyaient,

La mort courait à côté et les démons s'efforçaient

Pour arracher une partie ou un pli mince ;

Mais aux tendons impeccables, homme et cheval

Est venu clignotant, roulant de bas en bas

Avec une vitesse trois fois supérieure à celle d'un coursier romain

À la terre et à la renommée du conquérant.

LA CAVALERIE FANTÔME

QUE connaît le monde des batailles ? L'histoire écrit

Les actes des hommes avec du sang et du triomphe sont salués

Comme trophée de leur vaillance, l'armement

Ou plus de chance, en pensant à celui qui se bat

Avec des probabilités ou des tactiques plus sûres, l'échec est rare

Lors du dernier holocauste de guerre.

Les yeux passionnés ne voient pas les formes des ombres

Qui planent sur le flanc des hôtes en charge,

Prêt à se lancer comme un tableau de hasard ;

Aucune de toutes les lignes rassemblées n'échappe

Quand les centaures fantômes de la moquerie se vantent

De l'orgueil martial piétiné et consterné.

Ah Waterloo ! où les bataillons marqués s'efforçaient

Et se sont accablés, imprégnés de sang,

Lançant leurs troupes avec une impuissance sauvage...

La cavalerie conquérante qui t'a conduit

Ce n'était pas celui que le corse a examiné,

Ni encore l'Iron Duke, au sens plus sombre.

Ah, Gettysburg ! dont les brigades meurtrières

Rencontré dans le chaos d'un enfer d'horreur

Ou se sont précipités comme des démons dans les gueules de la mort—

Tes cavaliers les plus résistants étaient les ombres

D'autres autrefois terribles qui sont tombés

Tirant l'épée de son fourreau empoisonné.

En vain les gorges des uns et des autres le bleu et le gris

Sautant comme des loups de l'hiver fous de chair,

Et pourtant insatisfait jusqu'à ce que l'envie de tuer bondisse

Dans le cri de victoire de l'exultation !

Toutes tes colonnes ne sont pas anciennes ou fraîches

Pourrait sauver le terrain grâce à des cadavres macabres entassés

Contre l'escadron spectral qui a surpassé

Combattant Phil et Morgan's Men,

Comme sur le flanc de la bataille, il pendait bizarrement

Ou là où les dents de haine du dragon ont été semées

Surgit sous la forme de cavaliers sans tête armés pour frapper

Et écraser la charge par la fureur lancée.

Ils surgissaient comme des apparitions, nées de la terreur,

Pourtant horriblement réel et terriblement sinistre,

À la pointe de chaque avant-garde et redoute ;

Sur les tranchées et les fusils à éructations, ils ont balayé avec mépris

Ou porté la panique à l'arrière brisé

Jusqu'à ce que tout ne soit que carnage, lâcheté et déroute.

Formations invincibles, déferlement d'attaques

Des démons les plus audacieux de la vengeance, des manœuvres
désastreuses

Avec une destruction considérable - tout avant

La charge montée des légionnaires grandioses

Ont été balayés comme de la balle par le vent et le feu du maelström

Et il ne s'est plus jamais relevé en prouesse.

Mais sur la troupe fantôme galopait comme autrefois

Dans chaque bataille sanglante, jamais mort

Et jamais encore vaincu ; des fantômes encore

Ce galop, galop sur le moule mortel

De chaque champ de bataille tragique autrefois rouge

Avec le sang des fous au gré de leur pays !

TU M'APPELLES FRÈRE

TU m'appelles ton frère humain ; Bien,

Suis-je moins chair et esprit que toi

Ou moins le droit d'habiter humblement

Dans une paix honnête et plein de choses à approfondir

Est tout aussi noble que de dessiner

Des riches profondeurs creusées ? Ou est-ce que la loi

De semblant de fraternité ? — Nos lots séparés

Mais nous différons selon notre façon de faire, et non selon notre but.

Les frères partagent-ils selon leurs pensées

Ou à l'état brut selon leurs besoins ?

Si tu te trouves plus beau à la fin

Que lui tu le flattes, tu n'es pas un ami.

Tu m'appelles ton frère et tu me loues

Ma lutte pour me venger, je tiens bon

Toi-même les chances d'avoir un avantage, donc la course

C'est pour le rapide et le fort - et il est le dernier

Dont le corps travailleur a forgé la roue du char

Cela te mène à la fortune. C'était la base

Pour faire la différence entre la fête et le jeûne,

De la mesure pleine et vide de notre richesse ;

Car je suis celui qui a dépensé — toi qui dépense;

Pourtant tu m'appelles frère ! Le ciel, comment ?

LA MORT CHANTANTE

LES HOMMES murmurent des spectres, des calibans

Et des malédictions presque diaboliques avec un malheur,

Des démons mystérieux comme des chiens de l'enfer, des loups-garous, des goules

Et d'autres formes sans nom comme djinns et janns

Ce ressort des repaires de démons et se cacher ou se tisser

Aux imaginations terrorisées des âmes faibles.

Mais personne n'a nommé le fléau du Chant de la Mort,

La terrible réalité qui sort de l'enfer

Se manifeste aussi souvent que la soif de sang brûle ;

La saleté et la fureur volcanisent son souffle

Comme, affamé de chair insatiable, tomba

Il fond, dévore et revient de manière plus sanglante.

Une armée se rassemble avec une grande détermination

Et il y a de la musique martiale et des expositions

D'une gloire inquiétante pour le destin humain ;

Car avant que le cadran ne tourne à nouveau

La Mort Chantante s'en prendra avec exaltation

Sur l'hôte jusqu'à ce que l'horreur l'emporte sur la haine.

Une citadelle flottante dirige superbement

Son parcours océanique avec ses drapeaux de victoire déployés,

Pareil à la mer et à l'ennemi invincible ;

Pourtant, quelque part à l'improviste alors qu'elle fait carrière

Les forces de la mort chantante des Titans ont été lancées

Va crier au-dessus de ses platines avec un glas accablant.

Écoutez ! Je t'entends comme du vomi de la gorge

D'Hadès dévalant l'air sulfureux,

Avec le croisement entre le gémissement du spectre de Manes,

La torture de l'Enfer et la note

Du désespoir de Prométhée déchiré par un vautour ?

Ah ! C'est la mort chantante du missile à canon !

Il ne joue aucun diapason comme le rugissement

Il laisse derrière lui les tonnerres bruyants,

Ni comme le puissant gonflement des anches d'orgue ;

Mais tous les arrêts de la bataille s'élèvent,

Il hurle pour en finir avec le gémissement

D'une agonie mortelle où la valeur saigne.

Il ne chante pas en maître pour applaudir,

Avec une gamme de cadeaux à la voix et à la poitrine parfaites

Jusqu'à ce que la chanson devienne le triomphe de tous les temps ;

Mais c'est plutôt un chant funèbre qui discorde les défauts

Avec les arts infernaux du temps, de peur que Dieu ne nous élève

Le monde par amour au chœur de la Paix sublime.

LA VIEILLE LUNE DANS LES BRAS DE LA NOUVELLE

LA jeune lune se lève bas

Juste là où la terre passe

S'est tenu à l'écart pour l'aider à grandir,

Une fois qu'il est né.

Pourtant sur le dos de la vieille lune

L'image du nouveau

Le reflet est sans éclat

De la terre, il s'est allumé.

Dans les bras brillants de la jeunesse

Le père est embrassé ;

Le bord argenté de la vérité ancienne

Dans la vérité plus jeune est tracée.

Le fermoir de l'amour du matin

Embrasse celui d'Ève ;

Et la mémoire est dans le croissant de

Le sursis de la vieillesse.

Une faucille maladive encadre

Le vigoureux qui récolte ;

Alors le pouvoir, le plaisir, la fortune, la gloire

Pâle comme le plus vif balaie.

Notre dernier souhait se réalise

L'espoir qui est presque épuisé,

Et chaque bord de promesse tient

Le passé se penche vers le futur.

Mais ne dis pas si faiblement

La jeunesse se précipite sur les talons

Majeur, mais c'est la manière de la nature

Notre myriade d'orbes se révèle.